职业教育**汽车专业**课程改革创新教材

汽车
钣金·涂装·美容

Automotive Sheet Metal,
Painting and Beauty

温锦文 苏州 ◎ 主编

陈德贵 刘及时 谢岳辉 ◎ 副主编

黄存足 ◎ 主审

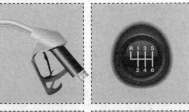

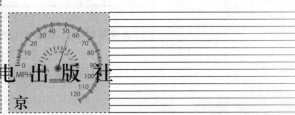

人 民 邮 电 出 版 社
北 京

图书在版编目（CIP）数据

汽车钣金·涂装·美容 / 温锦文，苏州主编. —— 北京：人民邮电出版社，2013.9
职业教育汽车专业课程改革创新教材
ISBN 978-7-115-32689-8

Ⅰ. ①汽… Ⅱ. ①温… ②苏… Ⅲ. ①汽车－钣金工－职业教育－教材②汽车－涂漆－职业教育－教材③汽车－车辆保养－职业教育－教材 Ⅳ. ①U472

中国版本图书馆CIP数据核字(2013)第188677号

内 容 提 要

本书共分 5 个课题，详细地介绍了汽车钣金、涂装与美容安全操作规程、汽车车身结构、钣金修复技术、涂装修复技术、汽车美容等内容；同时，每个课题都安排了实际操作部分。为了让读者能够及时检查自己的学习效果，把握自己的学习进度，每个课题都附有丰富的习题（统一附在本书的后面）。

本书既可以作为中职和高职高专汽车维修专业的一体化教材，也可以作为汽车钣金、涂装与美容的培训用书或技术人员自学的参考资料。

- ◆ 主　编　温锦文　苏　州
　　副主编　陈德贵　刘及时　谢岳辉
　　主　审　黄存足
　　责任编辑　刘盛平
　　责任印制　杨林杰
- ◆ 人民邮电出版社出版发行　　北京市丰台区成寿寺路 11 号
　　邮编　100164　　电子邮件　315@ptpress.com.cn
　　网址　http://www.ptpress.com.cn
　　北京市艺辉印刷有限公司印刷
- ◆ 开本　787×1092　1/16
　　印张　7.75
　　字数　195千字
　　　　　　　　　　2013年9月第1版
　　　　　　　　　　2025年2月北京第8次印刷

定价：22.00 元

读者服务热线：(010)81055256　印装质量热线：(010)81055316
反盗版热线：(010)81055315
广告经营许可证：京东市监广登字20170147号

前言

PREFACE

随着汽车行业的飞速发展，职业学校的汽车钣金、涂装与美容教学出现了传统的教学内容与汽车维修企业生产实际差异较大的问题。本书的编写尝试打破原来的学科知识体系，按汽车维修企业的生产流程来构建本课程的技能培训体系。

本书是依据汽车维修企业的工作标准及规范，并参考了职业技能鉴定技术文件而编写的。教材的内容主要包括入门知识与安全教育、汽车车身结构、钣金修复技术、涂装修复技术、汽车美容等。通过本课程的学习，学生可具备独立完成汽车钣金、涂装与美容的基本技能，并掌握汽车车身生产的工艺流程。

本书既强调基础，又力求体现新知识、新技术、新工艺，教学内容与国家职业技能鉴定规范相结合。在编写体例上采用一体化的模式，文字表述简约，事物图片丰富，图文并茂，直观明了。本书注重理论和实践的结合，并通过配套的技能训练项目来加强学生技能的培养。

本课程的教学时数为 180 学时，各课题的参考教学课时见下表。

课题及内容	建议课时	
	讲　授	技能训练
课题一　入门知识与安全教育	6	2
课题二　汽车车身结构	3	1
课题三　钣金修复技术	20	42
课题四　涂装修复技术	22	54
课题五　汽车美容	6	18
综合测试	6	
课时总计	180	

本书由广东省高级技工学校温锦文、苏州主编，陈德贵、刘及时和谢岳辉任副主编，黄存足主审。在本书的编写过程中，得到广东雅图化工有限公司技术服务部工程师的指导和帮助，在此表示感谢。

由于编者水平有限，书中难免存在不妥和错误，敬请广大读者批评指正。

编　者

2013 年 6 月

目录 CONTENTS

1 入门知识与安全教育

◆ **任务引入**

在汽车钣金、喷漆、美容作业中存在很多不安全因素，同学们在实习和工作中应时刻注意，并做到把安全放在首位，在此前提下才能谈实习、工作；同时，在工作过程中还会用到许多设备，因此学习每一种设备的安全操作规程是很有必要的。

◆ **相关知识**

一、汽车钣金安全知识

1. 生产实习教学十不准

（1）不准闲谈打闹。

（2）不准擅自离岗。

（3）不准干私活。

（4）不准私带工具出车间。

（5）不准乱丢乱放工量具。

（6）不准生火玩火。

（7）不准设备带病工作。

（8）不准擅自拆修电器。

（9）不准乱拿别人的工具材料。

（10）不准顶撞老师和指导师傅。

2. 操作前要"一想、二查、三严格"

一想：当天生产中会有哪些不安全因素，以及应如何处理，做到把安全放在首位。

二查：查工作场所机械设备、工具材料是否符合要求，有无隐患，如果发现有松动、变形、裂纹、泄漏或听到不正常声音，应立即停止作业并通知有关技术人员检查；确认各种机械设备、电器装置在安全状态下使用，还要查看自己的操作是否符合要求，以及防患措施是否妥当。

三严格：要严格遵守安全制度，严格执行操作规程，严格遵守劳动纪律，保证安全生产。

3. 砂轮机的操作维护注意事项

（1）上班时应穿戴好规定的有关劳保用品，严禁饮酒后上班作业。

（2）磨削工件（刀具）前，要用木棒轻敲砂轮，检查有无破裂，砂轮固定、螺母坚固、防护罩牢靠后方可启动砂轮机。

（3）砂轮机启动后，待砂轮机转速达到正常并无明显震动现象时，方可进行磨削。

（4）用砂轮机磨削时，操作者必须戴上防护眼镜，站立位置靠砂轮机斜45°进行操作，上身、头部与砂轮应保持一定距离，严禁正对砂轮直线上操作。

（5）磨削工件（刀具）时，要集中精神，双手把紧工件，不得用力过猛，或磨削过重的（即 6kg 以上）工件。工件不得碰撞砂轮，不准戴手套或用布包裹工件进行磨削，避免伤手或砂轮破裂事故。

（6）磨削工件（刀具）时，应左右缓慢移动，避免砂轮出现凹槽现象。

（7）不得两人同时在一个砂轮上进行磨削。

（8）更换砂轮时，必须检查砂轮本身有无裂纹、缺陷，安装时夹紧力要适当，不得重力敲打砂轮机，砂轮与防护罩的间隔应大于 5mm，砂轮与磨刀托架的距离应控制低于轮中心 3～5 mm，工件等物品不得放在砂轮罩上。

（9）砂轮更换后，应空转 3～5min，在其运转均匀、平稳情况下才可使用。

（10）磨削工件及淬火工件要及时冷却。

（11）工作完毕后，应关机切断电源，并指派专人负责维护保养。

（12）砂轮机在使用过程中应常搬动振打器手柄、拌掉附在布袋上的粉尘。为保证除尘效果，布袋应常清洗、更换，常清除抽斗内的砂轮灰。

（13）用完和意外停电时，应使开关处于"关"的状态，避免意外启动造成伤害。

4．电动、气动工具安全操作规程

（1）检查各部件外部安装是否牢固、紧固，连接是否可靠，电缆及插头有无损坏，开关是否灵活等。

（2）尽量使用 220V 电源，必须使用 380V 电源时应确保地线连接可靠。

（3）使用前应检查所用电压是否符合铭牌规定。

（4）接通电源空运转检查有无异响。

（5）使用中发现异常现象（如火花、异响、过热、冒烟或转速过低等）应立即停止使用，并请专业维修人员进行检修（不得擅自拆卸）。

（6）电动、气动工具应及时维护，以确保其清洁及可靠润滑。

（7）电气设备与元件应存放在干燥处，以防受潮与锈蚀。

（8）使用气动工具时，应防止连接不牢而造成空气损失和安全事故。

（9）工具必须在关闭并完全停稳后才能放下，转动着的工具不得随处放置。

（10）使用砂轮时，身体要避开其旋转的方向，工件要轻轻接触砂轮，以防发生事故。

5．照明装置安全操作规程

（1）应使用防爆灯照明装置。

（2）工作灯必须使用 36V 的安全电压。

（3）开关应为密封式，操纵要灵活轻便。

6．汽车外形修复介子机安全操作规程

（1）本设备必须由受过专门培训并考核合格的人员操作使用。

（2）操作前的准备：

① 焊接操作前，必须将焊接件焊接部位的油漆、油污清理干净，以确保工作件表面导电良好。

② 将地线钳夹到打磨干净并且清除了油漆的工件上，且越靠近操作面越好。

③ 先将机器左侧板电源开关打开，再根据实际情况选择电流调节开关的合适挡位。

④ 选择自动或手动焊接按钮，焊接时间视操作者的实际情况而定。如选择自动焊接，则需将时间调整旋钮调至合适位置。

⑤ 换上所需要的焊头进行焊接，在正式操作前，请先在其他工件上试验一下，以免电流过大

或时间过长损伤车辆。

（3）根据变形情况可以进行拉拔焊接修复、光垫圈焊接修复、波形线焊接修复、单面点焊/熔焊修复。

（4）不能长时间作业，以免机器部件过热有损机器寿命。

（5）清洁保养机器前，务必断开电源。

（6）在焊接、启动或充电的任何一项操作期间，切忌转动功能开关。

（7）焊枪、焊条、焊头及其他焊接导体在焊接期间或焊接结束后会产生高温，注意防止烫伤。

（8）不能在潮湿的环境中进行焊接操作。

（9）更换焊接接头及耗材时必须断开焊机电源。

（10）不能焊接可燃物资或装有油品的容器。

（11）严格按说明书对机器进行保养及检修。

二、汽车喷漆安全知识

1．喷涂工安全操作规程

（1）操作前根据作业要求，穿好连裤工作服和鞋子，戴好工作帽、口罩、手套、鞋罩和防毒面具。

（2）操作场所应通风良好。

（3）在用钢丝刷、锉刀、气动或电动工具进行表面处理时，需戴防护眼镜，以免眼睛沾污和受伤；粉尘较多时应戴防护口罩，以防呼吸道感染。

（4）用碱液清除旧漆膜时，必须戴乳胶手套、防护眼镜，并穿戴涂胶围裙和鞋罩。

（5）对剩余涂料和稀释剂等应妥善保管以防挥发。

（6）登高作业时，凳子要放平稳，注意力要集中，严禁说笑打闹。

（7）喷涂结束后，将设备工具清理干净并妥善保管，操作现场应保持清洁，用过的残漆、废纸和废砂纸等要丢到垃圾箱内。

2．空气压缩机安全操作规程

（1）空气压缩机应设专人维护和管理。

（2）使用前要认真检查空气压缩机、电动机及其控制装置并开动试转片刻，一切正常无误后再投入使用。

（3）空气压缩机要按规定程序启动，启动后要认真检查其运转状况并观察气压表读数，发现异常应及时排除。

（4）禁止工作人员在工作中与其他人员闲谈或随意离开机房，以防发生事故。

（5）非专管人员不得随意开动机器。

3．喷漆烤漆房安全操作规程

（1）房内不得进行涂装以外的作业。

（2）按说明书的规定使用和保养喷漆烤漆房，并由专人管理。

（3）定期更换过滤材料。

（4）定期清除风道内的漆尘及脏物。

（5）喷漆时应先开动风机。

4．烤漆工安全操作规程

（1）进入烤漆房作业时，必须备齐所需油漆、稀释剂及器具。

（2）在喷漆车辆进入烤漆房前，应先将底盘翼子板各部泥土、灰尘擦拭干净，严禁在喷漆房内清除灰尘。

（3）喷漆作业时要穿防止静电产生的化学纤维质料的衣服。

（4）严禁在喷漆间内点火吸烟。

（5）在喷漆间内作业时不得打开喷漆间门。

（6）进行保温烘干作业时，不得将温度调节器设定在 80℃以上。

（7）经常清洁进气滤网，以防阻塞。

（8）供油泵烤炉不得漏油，每月对煤油箱进行一次排水作业。

5．汽车喷涂时必须做好的工作

（1）减少易燃物品的蒸发。

（2）确保通风良好。

（3）消除火源、火种。

（4）采取有效的消防措施。

6．汽车喷涂需遵循的主要防火要求

（1）严禁烟火。

（2）保证良好的通风排气。

（3）防止冲击火花。

（4）按防爆等级规定安装电器。

（5）严防静电产生。

（6）谨防自燃。

（7）避免积存过多的涂料。

（8）备足灭火器材。

（9）及时报警。

7．汽车喷涂过程中要注意防止"三废"对环境的污染

（1）废气的处理。汽车美容、涂装作业施工中产生的废气主要来源于喷涂散发的漆雾和溶剂挥发的蒸气。为防止废气造成大气污染，常采用活性碳吸附、触媒燃烧和直接燃烧等方法进行治理。

（2）废水的处理。在汽车美容、涂装作业施工中的清洗、湿打磨等作业中，将产生大量废水，这些废水中含有油污、清洗剂等有害物质，必须进行净化处理，使之符合工业废水最高允许排放浓度及地面水质的卫生要求才能排放，以减少环境污染，保证水质卫生。

（3）废物的处理。擦拭涂料用的沾污棉纱、棉布等都含有大量涂料。树脂有些含有较多的双键，双键的存在比较容易和空气中的氧发生氧化作用，放出一定的热；若其放出的热聚积不散，就会逐渐达到自燃点而发生自燃。涂料用的沾污棉纱、棉布等物品集中，并妥善存放在密闭桶中，且不要放置在灼热的暖气管或烘房附近，以免火灾。同时定期及时处理。

三、6S 管理

"6S 管理"由日本企业的 5S 扩展而来，是现代工厂行之有效的现场管理理念和方法。6S 作用是提高效率，保证质量，使工作环境整洁有序，预防为主，保证安全；本质是一种执行力的企业文化，强调纪律性的文化，不怕困难，想到做到，做到做好。作为基础性的 6S 工作落实，能为其他管理活动提供优质的平台。

1．6S 的内容

（1）整理（SEIRI）——将工作场所的任何物品区分为有必要和没有必要的，除了有必要的留下来，其他的都消除掉。目的：腾出空间，活用空间，防止误用，塑造清爽的工作场所。

（2）整顿（SEITON）——把留下来的必需物品依规定位置摆放整齐并加以标识。目的：工作场所一目了然，消除寻找物品的时间；工作环境整整齐齐，消除过多的积压物品。

（3）清扫（SEISO）——将工作场所内看得见与看不见的地方清扫干净，保持工作场所干净、亮丽。目的：稳定品质，减少工业伤害。

（4）清洁（SEIKETSU）——将整理、整顿、清扫进行到底并且制度化，经常保持环境处于美观的状态。目的：创造明朗现场，维持前面 3S 成果。

（5）素养（SHITSUKE）——每位成员养成良好的习惯，并遵守规则做事，培养积极主动的**精神（也称习惯性）**。 目的：培养有好习惯、遵守规则的员工，营造团队精神。

（6）安全（SECURITY）——重视成员安全教育，每时每刻都保持安全第一的观念，防患于未然。目的：建立起安全生产的环境，所有工作都应建立在安全的前提下。

用以下简短语句来描述 6S 可方便记忆。
- 整理：要与不要，一留一弃；
- 整顿：科学布局，取用快捷；
- 清扫：清除垃圾，美化环境；
- 清洁：清洁环境，贯彻到底；
- 素养：形成制度，养成习惯；
- 安全：安全操作，以人为本。

2．6S 之间的关系

6S 之间彼此关联，整理、整顿、清扫是具体内容；清洁是指将前面 3S 实施的做法制度化、规范化，并贯彻执行及维持结果；素养是指使每位员工养成良好的习惯，并遵守规则做事，开展 6S 容易，但长时间的维持必须靠素养的提升；安全是基础，要尊重生命，杜绝违章，如图 1-1 所示。

3．6S 精益管理对象

（1）人：对员工行动品质的管理（**规范化**）。

（2）事：对员工工作方法、作业流程的管理（**流程化**）。

（3）物：对所有物品的规范管理（**规格化**）。

4．6S 精益管理的作用

（1）减少故障，促进品质；

（2）减少浪费，节约成本；

（3）建立安全，确保健康；

（4）提高士气，促进效率；

（5）树立形象，获取信赖；

（6）孕育文化，培养素质。

图 1-1　6S 之间的关系

课题二 2 汽车车身结构

◆ 任务引入

　　张先生驾驶一辆丰田卡罗拉轿车，在高速公路上由于车速太快，前车遇到紧急情况突然刹车，结果发生追尾事故。张先生将车开到修理厂维修，大约需要 12 小时。若让你修该车，你知道是什么位置发生了碰撞吗？碰撞的位置名称是什么？经过这一课的学习，以上问题就很简单了。

◆ 相关知识

一、汽车车身分类

1. 车身的作用

　　汽车车身是用来运送乘客和货物并保护其免受尘土、雨雪、震动、噪声、废气等侵袭的具有特定形状的结构。它作为汽车上与发动机、底盘相并列的三大组成之一，对行驶安全、乘坐舒适、运输效率等均有很大影响。

2. 车身壳体结构分类

　　按壳体的受力情况分为非承载式、半承载式、承载式。

　　非承载式：其车身与车架通过弹簧或橡胶垫作柔性连接。

　　半承载式：其车身与车架用螺钉连接、铆接或焊接等方法刚性连接。

　　承载式：没有车架，发动机和底盘各总成直接安装在车身上。

3. 车身分类

　　汽车车身包括轿车车身、客车车身和载货汽车车身。下面具体介绍一下轿车车身的分类：

　　（1）根据车身使用要求可分为普通轿车、旅行轿车、高级轿车、活顶轿车车身。

　　（2）根据车身外形可分为折背式、斜背式、短背式、平背式车身。

　　（3）根据车身功能可分为三厢轿车和两厢轿车车身。

　　（4）根据座椅的排数可分为一排座、二排座和三排座车身。

　　（5）根据车身的门数可分为二门轿车、四门轿车和五门轿车车身。

　　图 2-1 所示为轿车类型。

　　图 2-2 所示为三厢轿车与两厢轿车。

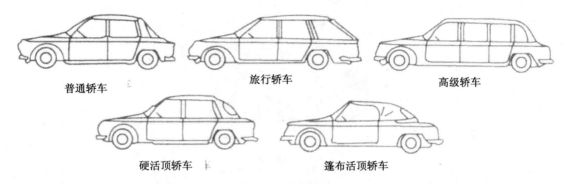

普通轿车　　　　　　　旅行轿车　　　　　　　高级轿车

硬活顶轿车　　　　　　篷布活顶轿车

图 2-1　轿车类型

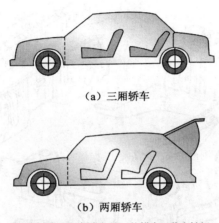

（a）三厢轿车

（b）两厢轿车

三厢轿车与两厢轿车相比，抗横向风稳定性好

图 2-2　三厢轿车与两厢轿车

二、轿车车身构造

现代轿车大部分采用整体式车身，轿车车身由车身本体、内外装饰件和附件等组成。

1．车身内外装饰件

主要外部件有：前、后保险杠，各车身外部装饰条、密封条、车外后视镜、散热器罩、车门机构等。

主要内部件有：仪表板、座椅及安全带、安全垫、安全气囊、遮阳板、车内后视镜、车内地板及各种内装饰件等。

2．车身附件

主要附件有：各种锁机构、玻璃升降器、刮水器、内外后视镜、遮阳板以及车用空调系统等附属装备。

3．车身本体结构

（1）前车身。前车身主要由前翼子板、前纵梁、发动机罩、前柱、前保险杠等组成，如图 2-3～图 2-6 所示。

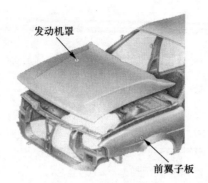

发动机罩

前翼子板

图 2-3 前车身

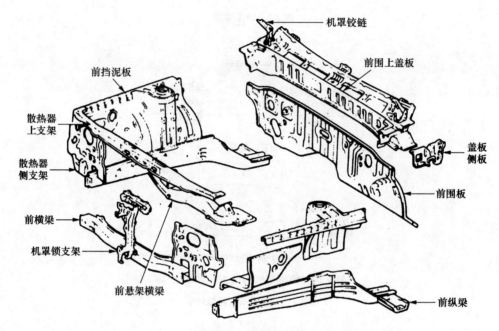

机罩铰链

前挡泥板

前围上盖板

散热器
上支架

散热器
侧支架

盖板
侧板

前横梁

前围板

机罩锁支架

前悬架横梁

前纵梁

图 2-4 前车身内部结构

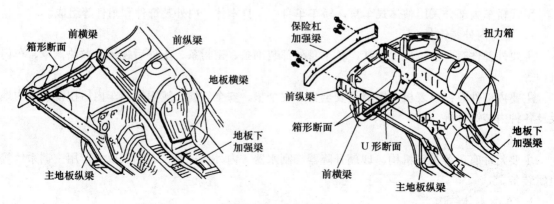

前横梁

箱形断面

前纵梁

保险杠
加强梁

扭力箱

地板横梁

前纵梁

箱形断面

地板下
加强梁

U 形断面

地板下
加强梁

主地板纵梁

前横梁

主地板纵梁

图 2-5 前车身下部结构

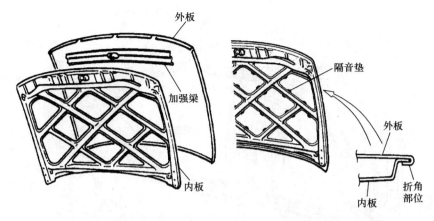

图 2-6　发动机罩

（2）中间车身。中间车身主要由 A 柱、B 柱、C 柱、车顶、后挡泥板、门槛、门框及覆盖件等组成，如图 2-7～图 2-11 所示。

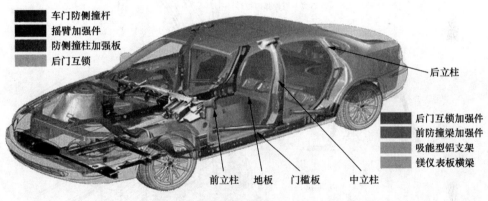

图 2-7　中间车身

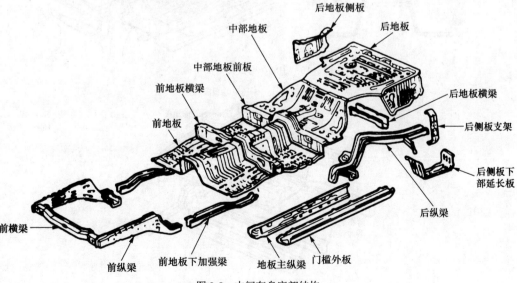

图 2-8　中间车身底部结构

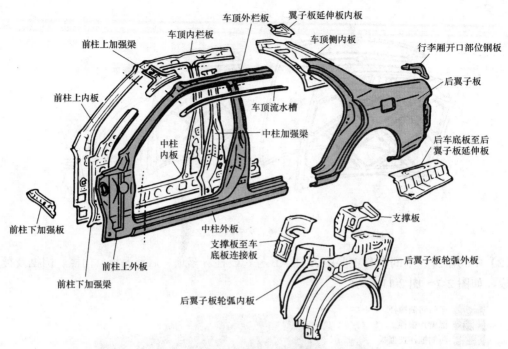

图 2-9　侧面车身结构

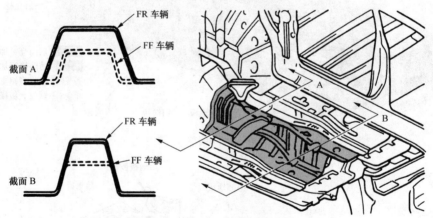

图 2-10　中间车身底部内部结构

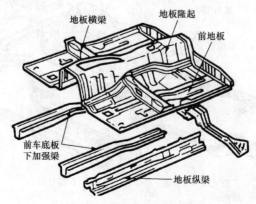

图 2-11　中间车身地板结构

（3）后车身。后车身主要由后翼子板、后门槛、后保险杠、后纵梁及其覆盖件等组成，如图 2-12～图 2-14 所示。

（a）三厢轿车后车身

（b）两厢轿车后车身

图 2-12　后车身

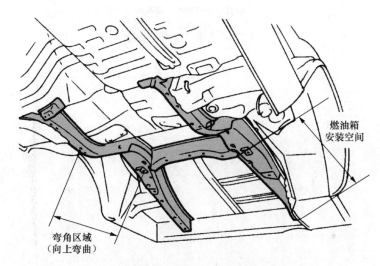

图 2-13　后车身底部结构

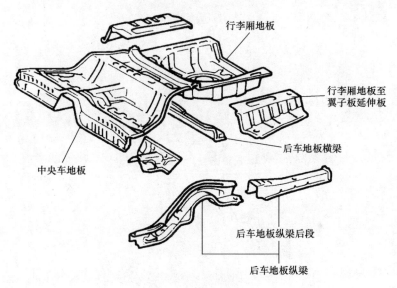

图 2-14　后车身内部结构

（4）车身壳体刚度分级。车身壳体刚度分级如图 2-15 所示。

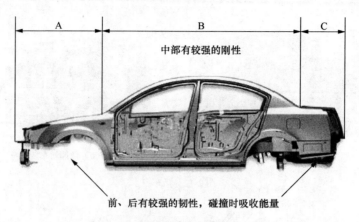

图 2-15　车身壳体刚度分级

3 钣金修复技术

◆ **任务引入**

车辆发生碰撞后，若某部件损伤较严重则应更换新件，而更换新件就涉及拆装技能。部件拆装作业看似简单，做起来却是比较难的，因为车身小板件大部分都涉及调整，并且都是活动件。安装的时候更应控制好各方面的技术参数，只有这样才能达到规定的质量要求。

◆ **相关知识**

一、常用的拆装工具及设备

1. 常用工具

（1）开口扳手。

① 结构与功用。开口扳手是汽车拆装中最常用的工具之一，如图 3-1 所示。开口扳手的特点是使用方便，标准规格的螺栓、螺母均适用。

图 3-1 开口扳手

常用的开口扳手有 5.5～7、8～10、9～11、12～14、13～15、14～17、17～19、21～23、22～24 等规格型号。

② 使用方法。

（a）根据螺栓、螺母的尺寸，选用合适规格的开口扳手，如图 3-2 所示。

（b）将开口扳手的开口垂直或水平插入螺栓头部。

（c）将扳手较厚的一边置于受力大的一侧，扳动扳手，如图 3-3 所示。

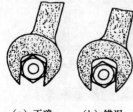   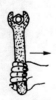

（a）正确　　（b）错误　　　　　　（a）正确　　（b）错误　　（c）正确

图 3-2 开口扳手的选用　　　　　　图 3-3 开口扳手的运用

③ 使用注意事项。

（a）不能用于扭紧力矩较大的螺栓和螺母。

（b）使用时应将扳手手柄往身边拉，切不可向外推，以免将手碰伤。

（c）扳转时不准在开口扳手上任意加套管、锤击，以免损坏扳手或损坏螺栓、螺母的棱角。

（d）禁止使用开口处磨损过甚的开口扳手，以免损坏螺栓、螺母的棱角。

（e）不能将开口扳手当撬棒使用。

（f）禁止使用水或酸、碱液清洗扳手，应先用煤油或柴油清洗后再涂上一层薄润滑油进行保管。

（2）梅花扳手。

① 结构与功用。梅花扳手也是拆装中最常用的工具之一，如图 3-4 所示。梅花扳手的工作部分呈封闭的 12 角梅花环状，套住螺母扳转时六角受力均匀。因此，拆装时能承受较大的扳转力矩，且对螺栓或螺母的棱角损坏小，使用起来比较安全，适用于拆装所处空间狭小

图 3-4 梅花扳手

的标准规格的螺栓、螺母。特别是螺栓、螺母需用较大力矩拆装时，应尽量使用梅花扳手。

常用的梅花扳手尺寸型号有：5.5～7、8～10、9～11、12～14、13～15、14～17、17～19、21～23、22～24 等规格型号。

② 使用方法。

（a）根据螺栓、螺母的尺寸，选用合适的梅花扳手。

（b）将扳手垂直套入螺栓头部。

（c）轻扳转时，手势与开口扳手相同；用力扳转时，四指与拇指应上下握紧扳手手柄往身边扳转。

③ 使用注意事项。

（a）扳转时，不准在梅花扳手上任意套加力套管或锤击。

（b）禁止使用内孔磨损过甚的梅花扳手。

（c）不能将梅花扳手当撬棒使用。

（3）套筒扳手。

① 结构与功用。套筒扳手由一套不同规格的套筒和接杆、棘轮手柄、弓形快速摇柄等附件组成，适用于标准规格的螺栓、螺母。套筒扳手可以根据需要任意组合使用，既适合一般部位螺栓、螺母的拆装，也适合处于深凹部位和隐蔽狭小部位螺栓、螺母的拆装，并有拆装速度快的特点，是使用方便的工具之一，如图 3-5 所示。套筒扳手使用灵活而且安全，使用中螺母的棱角也不易被损坏。

图 3-5 套筒扳手

常用的套筒扳手有 24 件套和 32 件套等几种，套筒规格有 6～24mm 和 6～32mm 两种。

② 使用方法。

（a）使用时根据螺栓、螺母的尺寸选好套筒。

（b）将套筒套在快速摇柄的方形端头上（视需要情况，可与长接杆或短接杆配合使用）。

（c）将套筒套在螺栓或螺母上，转动快速摇柄进行拆装。

③ 使用注意事项。

（a）不准拆装过紧的螺栓、螺母。

（b）用快速摇柄拆装时，握摇柄的手切勿摇晃，以免套筒滑出或损坏螺栓、螺母的六角。

（c）禁止用锤子将套筒击入变形螺栓、螺母的六角进行拆装，以免损坏套筒。

（d）禁止使用内孔磨损过甚的套筒。

（e）工具用毕，应清洗油污，妥善放置。

（4）活动扳手。

① 结构与功用。活动扳手由固定和可调两部分组

图 3-6　活动扳手

成，扳手的开度在一定范围内任意可调，如图 3-6 所示。其一般用于不同尺寸的非标准螺栓、螺母的拆装。在使用中，尽量使用梅花扳手或呆扳手，不得已而使用活动扳手时，一定要调整开口尺寸，使其与螺栓的棱角很好配合，并小心使用，以防损坏螺栓棱角。

常用的活动板手尺寸型号有：200mm×24mm、300mm×36mm 等多种规格。

② 使用方法。

（a）根据螺栓、螺母的尺寸先调好活动扳手的开口大小，使之与螺栓、螺母的大小一致。

（b）将扳手固定部分置于受力大的一侧，垂直或水平插入螺栓头部，如图 3-7 所示。

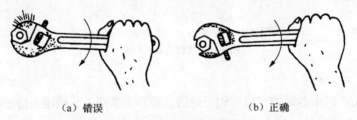

（a）错误　　　　　　　　　　　　（b）正确

图 3-7　活动扳手使用方法

③ 使用注意事项。

（a）应使固定部分朝向承受拉力的方向，以免损坏螺栓的棱角和活动扳手。

（b）不准在活动扳手的手柄上随意加套管或锤击，以免损坏扳手或螺栓。

（c）禁止将活动扳手当锤子使用。

（5）螺钉旋具。

① 结构与功用。螺钉旋具俗称起子，常用的有一字形、十字形和梅花头三种，如图 3-8 所示。其中前两种比较常见，后一种在进口汽车上使用得较多。常用螺钉旋具有木柄和塑料柄之分，木柄螺钉旋具又分为普通式和穿心式两种，穿心式螺钉旋具可在尾部作适当的敲击；塑料柄螺钉旋具具有良好的绝缘性能，较适用于电工作业。

螺钉旋具根据其长度的不同有多种不同的规格。

② 使用方法。

（a）应根据螺钉形状、大小选用合适的螺钉旋具，如图 3-9 所示。

（b）使用时手撑应顶住柄端，并用手指旋转旋具手柄。如使用较长的螺钉旋具，左手应把住旋具的前端。

图 3-8 螺钉旋具

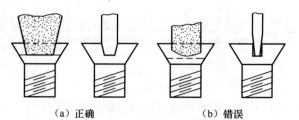

（a）正确　　　（b）错误

图 3-9 螺钉旋具与螺钉槽口应吻合

③ 使用注意事项。

（a）使用时螺钉旋具不可偏斜，扭转的同时要施加一定压力，以免旋具滑脱。

（b）螺钉旋具或工件上有油污时应擦净。

（c）禁止将螺钉旋具当撬棒或錾子使用，如图 3-10 所示。

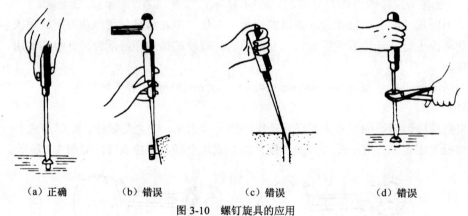

（a）正确　　　（b）错误　　　（c）错误　　　（d）错误

图 3-10 螺钉旋具的应用

（6）钳子。

① 结构与功用。汽车拆装中常用的钳子是鲤鱼钳和尖嘴钳，一般用于切断金属丝、夹持或弯曲小零件，如图 3-11 所示。

② 使用方法。

（a）根据需要选用尖嘴钳或鲤鱼钳，擦净油污。

（b）用手握住钳柄后端，使钳口闭合夹紧工件。

③ 使用注意事项。

（a）禁止将钳子当扳手、撬棒或锤子使用，如图 3-12 所示。

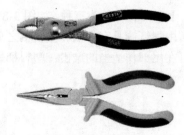

图 3-11 鲤鱼钳、尖嘴钳

（a）不可以代替扳手　　　（b）不可以代替撬棒

图 3-12 钳子的错误用法

（b）不准用锤子击打钳子。

（c）禁止用钳子夹持高温机件。

2. 常用设备

（1）千斤顶。

① 结构与功用。汽车上常用的千斤顶有液压式、气压式和机械式三种。液压式千斤顶有 3t、5t 等多种。千斤顶一般用于举升汽车，如图 3-13 所示。

图 3-13　千斤顶

② 液压千斤顶的使用方法。

（a）支车。

● 拧紧千斤顶油压开关。

● 将千斤顶垂直置于车底支车部位。

● 转动调节千斤顶螺杆使顶面接近支车点。

● 缓慢压动手柄，逐渐支起车辆。

（b）放下车辆。

落下时应缓缓松开油压开关，使车辆缓缓落下。

③ 使用注意事项。

（a）支车前，应用三角木将车轮塞好，以防汽车滑溜发生危险。

（b）支车时，地面要硬实可靠。在松软的地面上支车，千斤顶底座下应垫厚木板，不可垫石块或水泥板。

（c）支车时，千斤顶的顶柱与被支顶的端面应保持垂直，以防滑脱发生危险。

（d）千斤顶举升后应将车辆架好，使支顶卸荷，才可进行车下作业。

（e）千斤顶举起的工件未架好前不许用锤子击打，以免损坏千斤顶。

（f）千斤顶液压油不可用制动液或其他油液代替。

（2）双柱液压汽车举升机。

① 结构与功用。用于整车的举升，主要由主动立柱、被动立柱、四只托臂及撑脚、操纵杆、两只保险手柄等组成，如图 3-14 所示。

② 使用方法。

（a）车辆进入。

图 3-14　双柱液压举升机

- 四只托臂处于最低位置，同一立柱上的两只托臂张至最大角度，将托臂缩至最短。
- 车辆驶入工位，尽量使汽车重心位于两立柱中间。

（b）举升。

- 调整托臂长度并锁上锁止机构，选好托举位置，调整撑脚高度。
- 轻轻上推操纵杆，使车辆徐徐上升，至适当高度后松开操纵杆。

（c）工作。

将主、被动立柱上的保险手柄置于"锁止"位置（即向里推）。

（d）下降。

- 将主、被动立柱上的保险手柄置于"下降"位置（即向外拉）。
- 按下下降操纵杆，车辆下降至适当高度后松开操纵杆。

③ 使用注意事项。

（a）应按汽车使用说明书规定的托举位置支车。

（b）除下降过程外，其余时间主、被动立柱上的保险手柄处于"锁止"位置。

（c）下降作业时应检查车辆下部，必须保证车下无人和物。

（d）车下作业时，禁止过度用力推动车辆，以防汽车从撑脚上滑下。

（e）有上横梁的举升机在上升过程中应注意车辆上部不能与横梁相撞。

二、车身损伤分析与测量

1. 车身碰撞的变形分析

（1）碰撞冲击力。在汽车碰撞过程中，碰撞冲击力可以分成分力，通过车身不同方向分散。例如，在一次汽车碰撞过程中，冲击力以垂直和侧向角度撞击汽车的右前翼子板，冲击力合力可以分解成三个分力：垂直分力、水平分力和侧向分力，如图3-15所示。垂直分力、水平分力使汽车右前翼子板横向变形，侧向分力使汽车的右前翼子板向后变形，这三个分力都沿汽车零部件传递，其能量被零部件的变形所吸收。这些分力的大小及对汽车造成的损伤取决于碰撞的角度。

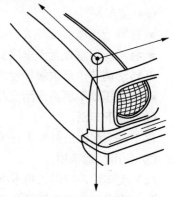

图3-15　冲击力的方向

冲击力的损伤程度也同样取决于冲击力与汽车质心相对应的方向。如果冲击力的延长线不通过汽车的质心，一部分冲击力将形成使汽车绕着质心旋转的力矩，该力矩使汽车旋转，从而减小了冲击力对汽车零部件的损伤，如图3-16（a）所示。

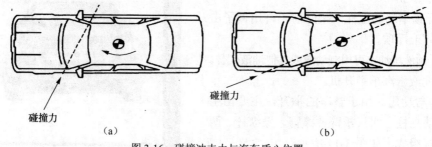

（a）　　　　　　　　　　　　　　（b）

图3-16　碰撞冲击力与汽车质心位置

如果冲击力指向汽车的质心，汽车就不会旋转，大部分能量将被汽车零部件所吸收，造成的损伤将是非常严重的，如图 3-16（b）所示。

驾驶员的反应经常影响到冲击力的方向，尤其是正面碰撞。当驾驶员意识到碰撞不可避免时，第一反应就是旋转方向盘以避免正面碰撞从而导致汽车侧面碰撞，如图3-17 所示。

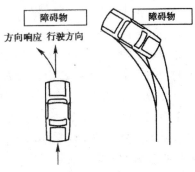

图 3-17　旋转方向盘导致侧面碰撞

驾驶员的第二反应就是踩制动踏板，汽车进入制动状态，惯性的作用使汽车斜向下俯冲，前端下降，尾部上抬，造成垂直方向损伤和顶盖的惯性损伤，如图 3-18 所示。这种类型的碰撞一般发生在汽车的前沿，比正常接触位置低并导致凹陷，经常在上述侧向损伤后立即发生。如果正面碰撞中的碰撞点高于汽车的质心，将使发动机罩板件和车顶盖向后移动而汽车尾部向下移动；如果碰撞点的位置低于汽车的质心，汽车的尾部将向上运动，迫使汽车顶盖向前移动，从而在车门的前上部和车顶盖之间形成一个大缝隙。

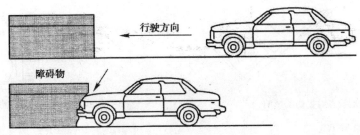

图 3-18　制动对碰撞的影响

碰撞损伤还取决于接触面积，接触面积越小，损伤就越严重。例如，撞击电线杆和一面墙。对墙撞击的面积较大，损伤程度就较小，如图 3-19（a）所示；而对柱撞击，保险杠、发动机罩、散热器等都发生严重的变形，发动机向后移动，碰撞所带来的影响甚至扩展到后悬架，如图 3-19（b）所示。

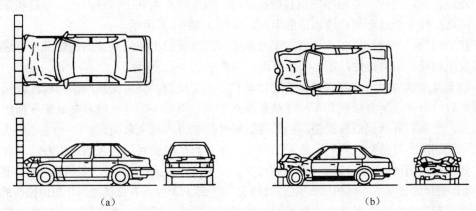

（a）　　　　　　　　　　　　　　　　　（b）

图 3-19　碰撞面积对损伤的影响

另外，撞击时的运动状态也影响损伤类型。如图 3-20 所示，汽车 1 向正在运动的汽车 2 侧面撞击。汽车 2 的运动将汽车 1 向侧面"拖动"，从而使汽车 1 遭受向后和水平两个方向的撞击力。

（2）冲击力的传递。现代汽车车身是一个刚性结构体，刚性连接点将把冲击力传递给整个汽车上与之连接的钣金件和汽车零部件，因此大大降低了汽车的结构变形。

如图 3-21 所示，假设汽车前角受到一个力 F_0 作用，B 区域将会变形，减小了 F_0 冲击作用，剩下的冲击力 F_1 传递到 C 点，金属将发生变形，能量继续减小到 F_2，F_2 分解成两个方向传递到 D 点，冲击力继续减弱传递给 F_3，所受到的力继续改变方向并冲击着车身的支柱和车顶盖，E 点的冲击力 F_4 继续减小，汽车车顶盖金属轻微变形，在 F 点几乎不再有冲击力，也不再发生变形。碰撞能量大部分都被汽车零部件所吸收。刚性连接点、结构件、钣金件都可以吸收能量，不仅可以直接吸收碰撞能量，而且其他与该点相连的零件也会发生变形。

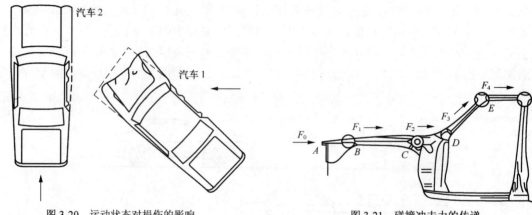

图 3-20 运动状态对损伤的影响　　　　　　　　图 3-21 碰撞冲击力的传递

2. 碰撞损伤的类型

车架和车身碰撞的损伤可分为五种不同的类型：侧弯、垂直弯曲、皱曲、菱形损伤和扭曲损伤。

（1）侧弯。侧向碰撞时，汽车的前部、中部或后部会向左或向右弯曲，发生侧弯损伤，如图 3-22（a）所示。

（2）垂直弯曲。当前后碰撞时，汽车会发生垂直弯曲变形，如图 3-22（b）所示。

（3）皱曲损伤。一般发生在前横梁之后或后轴上部的车架区域，如图 3-22（c）所示。

（4）菱形损伤。当汽车的角部受到猛烈撞击时，汽车的一侧发生位移，使其车身和车架不再是方形，从而形成一个接近平行四边形的形状，如图 3-22（d）所示。

（5）扭曲损伤。一般发生在非承载式车身承受很大载荷的车架受到撞击的情况下，这种碰撞使得车架发生翻转，边梁扭曲，超出了水平面，如图 3-22（e）所示。

当一辆车发生事故时，一般应该对其进行车身、车架检查，确定受到的损伤程度。当汽车前部受到撞击时，不管它是非承载式车身还是承载式车身，受损的顺序一般首先是侧弯损伤，然后是垂直弯曲、皱曲、菱形和扭曲损伤，但还要根据受到冲击的程度来决定。

当汽车受到冲击时总能检查到一定量的侧弯破坏。当车辆受到更严重的撞击时，就会发生垂直弯曲。如果侧弯超过 13mm 或垂直弯曲超过 9mm，就会发生皱曲损伤。非承载式车身的车架，当受到严重的碰撞时会发生菱形和扭曲损伤的情况；而承载式车身具有抵抗菱形和扭曲损伤的能力。

非承载式车身的车辆在后部发生碰撞时，变形的顺序是：皱曲、侧弯和垂直弯曲、扭曲。由于车架的后部有较好的弹性，所以它能吸收车架受到的严重冲击，而不会使车架的中心部分受到菱形破坏。承载式车身的车辆当其后部受到撞击时，破坏发生顺序和前部受到撞击时发生的顺序一样：侧弯、垂直弯曲和皱曲。在校正车身时应按发生变形的相反顺序进行。

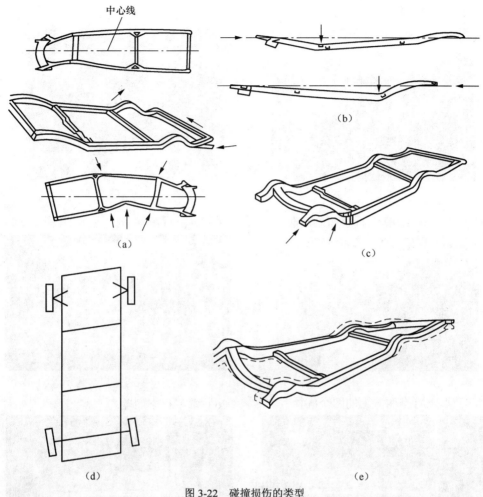

中心线

（a）

（b）

（c）

（d）

（e）

图 3-22　碰撞损伤的类型

2．车身变形的测量

碰撞导致汽车变形之后，车身整体定位参数就发生了变化，这对行驶性、稳定性、平顺性、安全性、使用性等都将产生至关重要的影响。所谓整体定位参数，是指那些对汽车发动机、底盘、车身主要构件的装配位置有着直接影响的基础数据，如汽车的前轮定位、轴距误差和各总成的装配位置精度等。

以整体定位参数为表征的测量工作，一方面可以用于对车身技术状况的诊断，另一方面可以用于指导钣金维修。

对钣金各个部位参数的测量应采用专用仪器，才能获得准确的数据。本书对此内容不予叙述。

◆　**任务实施**

一、车身部件的拆装（以 2012 款卡罗拉为例）

1．行李厢盖的拆装

（1）拆下行李厢盖内衬板。

（2）拆下后组合灯罩。

（3）拔下所有插头及行李厢盖拉索。

（4）拆下行李厢盖上的所有附件。

（5）拆下行李厢盖上的四个螺栓。

（6）拿下行李厢盖。

（7）更换新件或修复后按照拆的相反顺序进行装复；装复后应对其位置进行调整。

2．车门的拆装（以右后车门为例）

（1）拆下车门内衬板的两个螺栓。

（2）用手扳开车门内衬板并取下。

（3）拆下车门里外的附件。

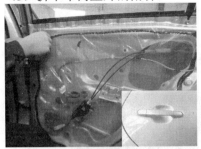

（4）从车门内拔出线束。

（5）拆下车门限位器。

（6）拆下车门铰链的四个螺栓，取下车门。

（7）更换新件或修复后按照拆的相反顺序进行装复；装复后应对其位置进行调整。

3．车门的调整

（1）整片门上下调整时：旋松在车身侧的铰链螺丝，降低（提高）铰链的装设位置。

（2）门的后端翘高（下降）时：旋松在车身侧的铰链螺丝，将上铰链移向后方（前方），下铰链移向前方（后方），或者增减车身与铰链的垫片厚度。

（3）车门前后调整时：旋松车身侧的铰链螺丝，将铰链移向前方（后方），或者增减车身与铰链间的垫片厚度。一次只能对一个铰链进行调整，这样车门的调整就比较容易控制。

（4）整片门内外调整时：旋松车门侧的铰链螺丝，将铰链向内侧（外侧）移动。

（5）门的上部（下部）突出时：旋松车门侧的铰链螺丝，上面的铰链移向内侧（外侧），下面的铰链移向外侧（内侧）。

车门经过调整之后，不能恢复原状时，可能是合叶轴磨损或门变形，此时必须修理或更换。

4．发动机罩盖的拆装

（1）打开发动机罩盖，拔下洗涤水管。

（2）拆下发动机罩盖上的四个螺栓。

（3）取下发动机罩盖并放置好。

（4）更换新件或修复后按照拆的相反顺序进行装复；装复后应对其位置进行调整。

5．前保险杠的拆装

（1）拆下保险杠上端的固定螺钉。

（2）拆下两前翼子板内衬
固定螺钉拉开内衬板。

（3）拆下保险杠两端的固定螺栓。

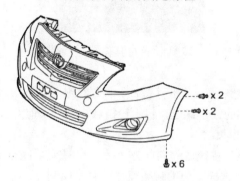

（4）拆下保险杠下面的装饰板及固
定螺栓。

（5）拆下保险杠上的中网、前雾灯等。

（6）更换新件或修复后按照拆的相反顺序进行装复。

6．前翼子板的拆装

（1）拆下前保险杠及前组合灯总成。

（2）拆下前翼子板内衬板。　➡

（3）拆下侧转向灯和"VVT-i"。

（4）撬开倒车镜前端的装饰盖，拧下翼子板上端的固定螺栓。

（5）拆下发动机仓内翼子板的固定螺栓。

（6）拆下翼子板下端螺栓。

（7）拆下前端的固定螺栓。

（8）取下翼子板并放置好。

（9）更换新件或修复后按照拆的相反顺序进行装复；装复后应对其与各部件之间的间隙进行调整。

7. 后保险杠的拆装

（1）拆下行李厢两边的内装饰板。

（2）拆下两个后组合灯。

（3）拆下两个后雾灯。

（4）拆下保险杠上部两个固定螺栓。

（5）拆下左右后翼子板内衬，拧下保险杠的固定螺栓。

（6）拆下保险杠下端的固定螺栓。

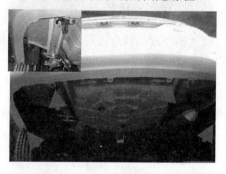

（7）取下后保险杠并放置好。

（8）更换新件或修复后按照拆的相反顺序进行装复。

项目二 汽车车身损伤修复

◆ 任务引入

王先生驾驶一辆现代悦动小轿车经过一个十字路口时，突然被一辆从另一个路口过来的二轮摩托车撞到其左前车门，造成左前车门出现凹陷。假如你来维修该事故车，能否把它修好呢？学习了本项目相信你一定可以做到。

◆ 相关知识

一、钣金校正工具的使用

1．工作平台

工作平台是钣金操作的基础件，主要用于在其上平面进行板料画线、下料、敲平及矫正工作，如图 3-23 所示。普通钣金工作平台没有确定的尺寸标准，但常用的台面有以下几种规格：600mm×1000mm、800mm×1200mm、1500mm×3000mm。台面高度 h 为 650～700 mm（有的平台高度可调）。其材料多为铸铁。

图 3-23　工作平台

2．锤子

锤子是汽车钣金维修中的基本工具，形状很多，作用也不一样。

使用钣金锤时，用手轻松握住其手柄的端部（相当于手柄全长的 1/4 位置），锤柄下面的食指和中指应适当放松，小指和无名指则应相对紧一些，使之形成一个支点，拇指用于控制锤柄向下运动的力度，通过手腕的动作来挥动锤子，并利用钣金锤敲击零件时产生的回弹力沿一个圆形的运动轨迹来敲击，这样能更好地控制锤子，如图 3-24 所示。

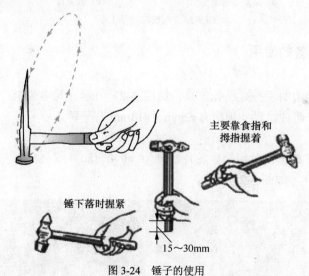

主要靠食指和拇指握着

锤下落时握紧

15～30mm

图 3-24　锤子的使用

 注意　经常检查锤柄和锤头结合是否牢固。如果锤头较松，工作过程中容易发生事故，锤头飞出会击伤别人或打坏东西。

3．顶铁

顶铁是一种手持的铁砧，与锤配合进行钣金修理作业，也称为垫铁或衬铁。

用顶铁法修整可分为正托和偏托两种方式，如图 3-25 所示。偏托法是直接用顶铁抵住最大凹陷处，使用木锤或尼龙锤敲击凹陷周围产生的隆起变形，即"深入浅出"地由最大凹凸变形处开始敲平。

当局部凹凸变形被修平至一定程度时，应改用正托法进一步敲平。

顶铁法敲平工序如图 3-26 所示。所用顶铁的端面形状应与被修正壁板形状吻合。

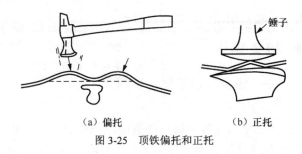

（a）偏托　　　　　（b）正托

图 3-25　顶铁偏托和正托

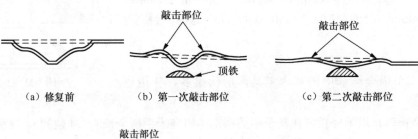

（a）修复前　　　（b）第一次敲击部位　　　（c）第二次敲击部位

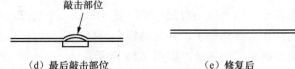

（d）最后敲击部位　　　　　（e）修复后

图 3-26　顶铁法敲平工序

二、车身校正设备的使用

1．手电钻

手电钻是以电为动力的手持式钻孔工具，如图 3-27 所示。其电源电压一般有 220V 和 36V 两种，尺寸规格有 ϕ2mm～ϕ13mm 若干种。

2．盘式砂轮机

盘式砂轮机通常打磨工作时用的砂轮片粒度为 60＃，80＃或 120＃等，一般常用的是 80＃，如图 3-28 所示。

图 3-27　手电钻

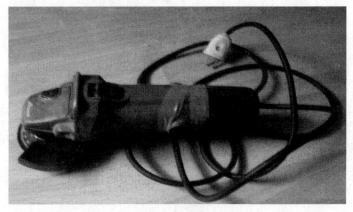

图 3-28　砂轮机

（1）砂轮片的更换如图 3-29 所示。

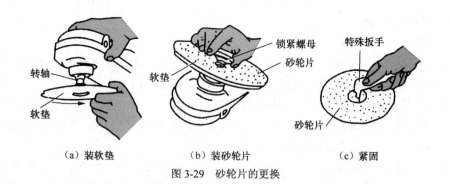

（a）装软垫   （b）装砂轮片   （c）紧固

图 3-29 砂轮片的更换

（2）砂轮机的使用如图 3-30 所示。

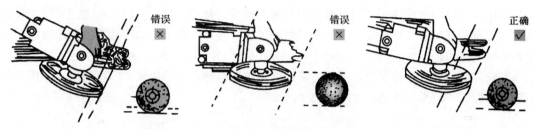

图 3-30 砂轮机的使用

3．汽车外形修复介子机（见图3-31）

图 3-31 介子机

（1）介子机的功能。

① 光垫圈熔植（外形修复）。

② 直拉修复。

③ 真空吸盘修复。

④ 薄板点焊焊接。

⑤ 碳棒焊接及局部淬火。

（2）介子机各个功能操作说明。

① 光垫圈熔植（外形修复）。

（a）对凹陷部位用手提砂轮机将油漆及锈杂物彻底打磨干净，选择好附近地线钳固定的位置（同时也要打磨干净，保障良好导电接触），并将地线钳夹好，如图 3-32 所示。

（b）选择开关（SWITCH）拨至 TIMING 形式（定时工作），时间调节挡（TIMER SEC）调到 0.3～0.5，电流调节挡调至 3～5 的经验值（时间与电流的经验值是用户根据车体铁板的厚度及电网电压的高低，摸索出理想的数据）。

（c）在焊枪上插上光垫圈夹头，将 $\phi10$～$\phi12$mm 光垫圈插入夹头槽内，对准需拉复修整部位压紧（防止接触不良击穿铁板），按动焊枪上开关，待定时器工作完后将焊枪松开，则完成一次熔植焊接过程，并根据不同凹陷面积熔植多个光垫圈。

（d）用拉力锤钩子钩住光垫圈，顺拉力锤轴向将导向锤向车体外抽拉或撞击，有时需要重复多次，方可将需修复部位拉至复原。如凹陷面积较大，应熔植多个光垫圈并重复上述操作，直到整个凹陷区复原为止。

（e）修复后要取下光垫圈时，用拉力锤钩住光垫圈扭转或用手扭转，即可退离。再用手提砂轮机进行平面修正，直至平滑，如图 3-33 所示。

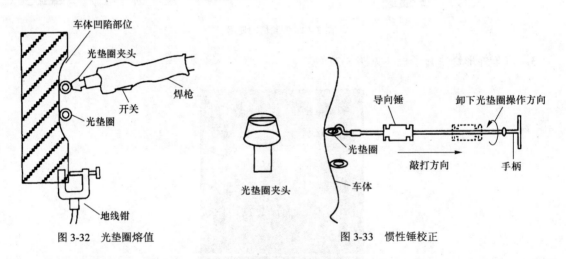

图 3-32 光垫圈熔值   图 3-33 惯性锤校正

② 直拉修复。

（a）第一步和第二步与上一功能（光垫圈熔植）步骤（a）、（b）点相同。

（b）将专用直拉焊具接到焊枪上，焊条夹紧在焊具咀上，焊条对准需修整部位。按动焊枪开关，焊条便与车体接牢，直接向车体外抽拉焊具上的导向锤，便能达到修复目的，如图 3-34 所示。

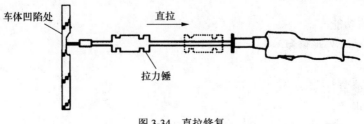

图 3-34 直拉修复

③ 真空吸盘修复。

（a）将拉力锤钩卸下，将橡胶吸盘装上。

（b）当车体有小面积凹陷，可直接将橡胶吸盘紧压车体上，抽拉拉力锤上的导向锤，便可将该部位修复，如图 3-35 所示。

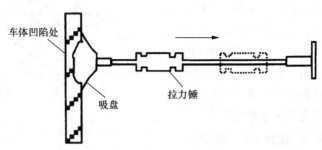

图 3-35 真空吸盘修复

④ 薄板点焊焊接。

（a）当车体局部锈烂时，可用此功能将其修复。操作前应按照光垫圈熔植的方法。将需焊接部位打磨干净并夹好地线钳。

（b）选择开关（SWITCH）拨至 TIMING 形式（定时工作），时间调节挡（TIMERSEC）调至 0.4～0.6，电流档调至 5～6 挡，将点焊头插入焊枪，并压紧铁板边缘（铁板与车体必须紧紧贴合。按动焊枪开关，待工作完后将焊枪放开，则完成一次焊接过程。焊点应沿铁板四周均布。

（c）使用本功能时应如按照光垫圈熔植步骤（b），根据铁板厚度及电网电压，适当调整好工作电流及时间，以达到最佳效果。应注意焊极和地线极不能同在一块铁板上，如图 3-36 所示。

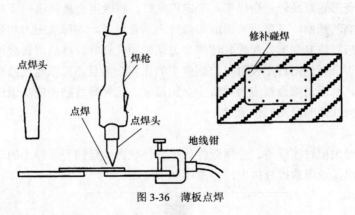

图 3-36 薄板点焊

⑤ 碳棒焊接及局部淬火。

（a）在修理车体时，碳棒的使用可代替氧焊进行车体焊接及局部淬火处理，而相对于氧焊更具有变形小、操作简单等特点。

（b）选择开关（SWITCH）拨至 CONT 形式（连续工作），本机处于连续工作状态（此时地线极切勿与焊枪相碰），电流档调至 1～3 挡，把碳棒套入碳棒夹头内夹紧，再插入焊枪上（碳棒可适当折短，以便于工作使用）。

（c）将碳棒接触需焊接部位，待高温熔化后慢慢地在接触处移动，使其自身熔化在一起，以达到焊接目的。如焊缝较大，可用铁丝作填充，如图 3-37 所示。

（d）进行铁板外表加温缩火（淬火）处理，将碳棒接触需淬火处理部位来回移动，待产生一定温度时，用湿毛巾将受热部位冷缩，达到局部淬火目的。

（e）进行补孔、填凹处理，用铁丝作焊条，用碳棒将铁丝熔化在小孔或凹陷处，并均匀焊平，以达到修补目的。用此方法亦可修补油箱（里面需加水）。

（f）小面积切割，氧焊的切割受热面积大，附近有橡胶或电路等，均会受影响。而用碳棒发热快，影响面积小。切割时把电压调节挡适当调高，碳棒轻触车体，便能很快把余位切去。

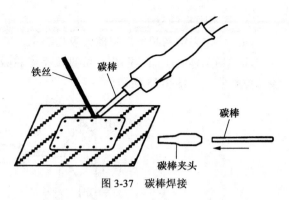

图 3-37　碳棒焊接

三、车身金属件局部凹凸变形的修复

修复车身局部凹凸变形可用锤击法、吸拔法、惯性锤法等方法。根据变形的程度和部位，可选择一种或多种方法进行综合修复。

1. 锤击法

锤击法就是利用钣金锤、顶铁、修平刀等工具，敲击变形部位的适当位置，使变形复原。

对于较大变形可以用偏托法，直接用顶铁顶住最大凹陷处，用木锤或尼龙锤敲击凹陷周围的隆起，进行粗平。

当局部凹凸变形被修平至一定程度时，应改用正托法，将顶铁直接顶在板料背面不平的位置上，同时用手锤正对顶铁位置敲击，进一步敲平。

对于难以放入顶铁的弧形凹陷，可以将修平刀插入并抵住凹陷部位，用木锤或尼龙锤敲击凹陷周围的隆起，使变形逐渐减轻。当修平至一定程度时，再改用金属锤进一步对变形行修整。

对于很长且较高的翘曲，可以用表面成形修平刀结合锤击，在释放应力和张力的同时对其进行弹性敲击，逐步敲打恢复变形。操作时使修平刀紧紧顶住脊峰，然后用钣金锤轻轻敲击修平刀顶住的部位，这样钣金锤的击打不仅可以起到修平的作用，而且还可以通过修平刀将锤击力向金属的其他部位分散，从而消除金属应力并减少金属延展。这种弹性敲击应从钣件的外端开始，两端轮流敲击，逐渐向翘曲的最高部位前进。

2. 吸拔法

对于表面变形较大但过渡圆滑、金属钣件处于弹性状态、延伸变形较小的车身凹陷变形，可以利用吸盘将其吸出，或用顶拔杆拔出，如图 3-38 所示。

图 3-38　吸盘

此法不仅免去了拆装内围板、车内装饰等机件的麻烦，而且还能使损伤面减小。

3．惯性锤法

惯性锤法在车身维修行业也被广泛应用。车身构件的许多变形和损伤都可以利用惯性锤法的冲击惯性予以修复，如图3-39所示。

用惯性锤组件矫正变形时，先将拉杆的一端用定位装置与变形部位固定，用手抓住滑块迅速向与变形相反的方向滑动，利用滑块沿杆身滑动的惯性力，冲击杆端并带动定位装置使变形得到矫正。由此可见，牵引力的大小主要取决于拨动惯性锤力大小和滑动速度的高低。

图3-39　用惯性锤修复车身

前面讲的锤击法是通过直接锤击变形金属表面来达到矫正的目的，而惯性锤击法是通过定位装置将惯性锤的冲击力作用在变形部位，使变形和损伤得到修复。因此，对薄壳类车身构件而言，惯性锤击法对矫正变形更有利并且对金属表面损伤程度也小，尤其不会造成金属表面因锤击而延展。

惯性锤法有以下两种常见的定位方法。

（1）钻孔法。即在凹陷的金属上利用"T"形尖锐螺旋锥，钻入薄板类车身构件，实现滑杆与车身构件的可靠连接。将凹陷处拉到理想位置后，拆除螺旋锥，最后用打磨机修平表面即可，如图3-40所示。

（2）拉环法。图3-41所示为视钣件金属受损面积的大小，焊上一定数量用于连接滑杆的挂环——平垫拉环或钥匙拉环。凹陷面积较大时，也可以并列焊接多个拉环并穿上拉轴，然后用惯性锤使凹坑恢复到理想位置，最后用打磨机修平表面即可。

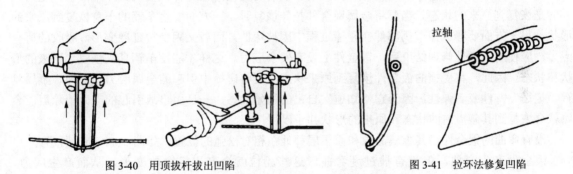

图3-40　用顶拔杆拔出凹陷　　　　　　　图3-41　拉环法修复凹陷

前一种方法现在一般很少使用，因为这样做对钣金及油漆损伤较大。后一种方法则比较适用，对车身钣金件损伤较小，因而被广泛使用。

4．钣金件的最终修形

经过上述方法的修复，受损金属初步成形，并通过目测或感触认为其表面已经基本修复后，就可以进行钣金件的最终修形。首先用上面讲的车身修理锉使用方法锉平受损表面的漆层，暴露出那些隐蔽的表面微小凹凸，然后用轻锤、撬棒、风镐、顶铁、修平刀等消除这些故障，从而得到一个光滑的表面。

顶铁、修平刀、敲平锤三者的工作面形状，必须与车身构件的几何形状吻合，否则就达不到敲平的目的，如图3-42所示。精平过程中应采用"紧贴"法，并应在仔细观察和分析的基础上，选择敲平点，确定锤击力度和敲平次序，一般应按"先大后小""先远后近"的原则，同时要防止不加分析与思索地敲平，如图3-43所示。

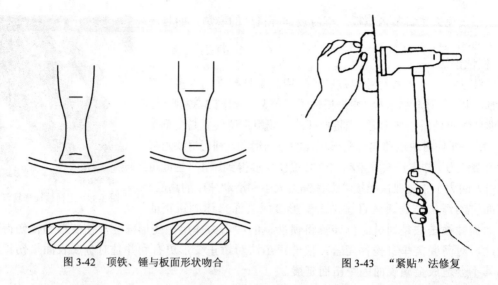

图 3-42 顶铁、锤与板面形状吻合　　　　图 3-43 "紧贴"法修复

必须注意不要敲击太猛烈，否则就会使金属表面变得更粗糙而且会出现延展，导致需要对其施加额外的敲击和收缩操作。可见这项操作需要良好的技术和精确的判断力。而这些只有通过大量的实践才能掌握。

四、车身钣金件应力的消除

1. 车身钣金件应力的产生

车身矫正中，应用最多的是拉伸，其目的不仅是将受损的钣金件恢复到其原来形状，更为重要的是恢复到原来的状态。当要将金属钣金件拉伸恢复时，一方面要将车辆的车身恢复到原来的形状，另一方面要释放掉车辆部件在碰撞过程中因被弯曲，而后又因受拉延展变形，吸收的所有应力，应使所有部件修理结束后，钣金件上没有残余应力。这样才能使车辆真正恢复到原来的形状和状态。因此，将受损的钣金件恢复到原来状态需要将碰撞中引起的金属应力消除掉。金属具有"记忆"特性或者弹性，因为它"知道"自己的初始状态，一旦由事故引起的应力消除后，金属就会恢复到其碰撞前的状态和原来的形状并予以保持。

没有弯曲的钣金件，其金属晶粒和原子层都处在相对松弛的位置，如图 3-44（a）所示。

钣金件产生弯曲，但没有被过度弯曲，这些晶粒就会产生轻微的变形，从而产生应力，如图 3-44（b）所示。轻微弯曲时，外层金属产生受拉应力，内层金属产生受压应力。如果钣金件有足够的弹性，一旦压力被撤去，晶粒就可以立即恢复到弯曲以前的状态，即原始状态。

如果钣金件在碰撞中弯曲程度严重，则在弯曲钣金件的外层，在拉力的作用下产生严重的变形，金属晶粒严重扭曲。而内层在压力的作用下金属的微粒也严重地挤压产生变形，如图 3-44（c）所示。这样过度弯曲的金属保持其受弯后的形状和状态，这种结构比受损前更坚硬并且缺少弹性，变形扭曲的晶粒承受应力，同时应力被固定在金属内部。

当对一块这样严重扭曲的钣金件施加拉力恢复到原来的形状，而没有将金属恢复到原始的状态时，金属钣金件受到破坏的区域如图 3-44（d）所示。它的外形看起来和碰撞前的形状很相似，但是晶粒结构中仍保留着变形并且有新的变形区域产生，金属内部存在应力，钣金件的强度将被削弱。

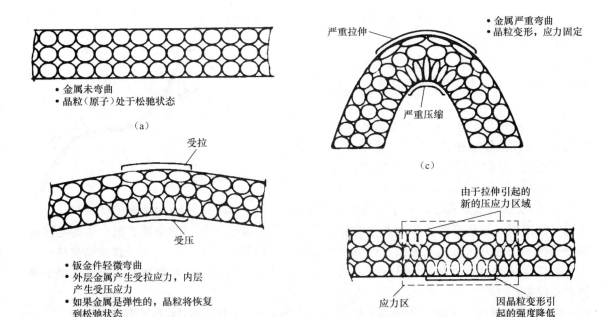

- 金属未弯曲
- 晶粒（原子）处于松弛状态

（a）

- 金属严重弯曲
- 晶粒变形，应力固定

严重拉伸
严重压缩

（c）

受拉
受压

- 钣金件轻微弯曲
- 外层金属产生受拉应力，内层产生受压应力
- 如果金属是弹性的，晶粒将恢复到松弛状态

（b）

由于拉伸引起的新的压应力区域
应力区
因晶粒变形引起的强度降低

（d）

图 3-44　应力的产生与晶粒的变形

若应力未消除，金属疲劳和破裂迟早要发生在这些薄弱区域，或者一旦发生再次碰撞，即使很小的力也将引起同样或更大的危害。

通过使用正确的方法可以将应力释放，使金属微粒恢复到原始的形态。消除应力一般有两种方法：金属冷处理法和加热法。

2．车身钣金件应力的消除

（1）金属冷处理法释放应力。金属冷处理法是利用一个手锤和一块顶铁或修平刀来实现，如图 3-45 所示。当拉力作用在钣金件上时，可以将修平刀垫在受损钣件的附近，然后沿着弯曲区域，边移动修平刀边轻轻而快速地敲击钣金件。这样的敲击可以使金属晶粒结构恢复到原来的状态。随着金属应力的消除，可以采取附加拉伸方法，逐渐使变形的钣金件恢复到原来的形状和状态。这种应力消除的方式也叫弹性锤敲击。

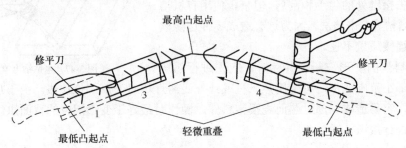

最高凸起点
修平刀　　　　　　　　　　　　　　　　　修平刀
3　　　4
1　　　　　　　　　　2
最低凸起点　　　轻微重叠　　　最低凸起点

图 3-45　用修平刀和手锤敲击释放应力

图 3-46 所示为钣金件的隆起部分受到了破坏时释放应力的过程。操作时，用低隆起顶铁从金钣件的外边向中部一次或多次敲打弹性变形的金属，直到金属鼓起到和原来差不多的形状。用弹性敲击或偏托敲击逐渐将金属鼓起至图中用虚线表示轮廓。例如，顶铁顶在 1 点时，钣金锤弹性敲击 3 点，顶铁顶在 2 点时，钣金锤弹性敲击 4 点。

（2）采用加热法释放应力。有的时候，金属冷处理应力消除法对十分严重的金属变形起不到相应的作用。为此，必须在使用敲击法之前对金属进行加热，刺激金属晶粒，使变形的晶粒在金属内部复原。

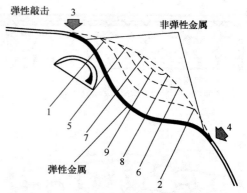

图 3-46 钣金件隆起部分释放应力

但是，加热要十分小心。过度加热会破坏晶粒结构，引起钣金件起皮或氧化，从而在一定程度上使金属脱碳，导致金属变软，强度降低，使用寿命缩短。起皮是指金属面层部分金属的丧失和造成表面的损坏。金属起皮的程度取决于加热时间的长短和温度的高低。加热金属的背面产生的起皮现象要比暴露于火焰下的金属表面产生的起皮现象严重得多，因为从火焰里喷出的燃烧气体可以保护金属表面不被氧化，直到火焰被移走。当加热使金属的背面达到某一温度时，就会发生氧化，导致起皮。重复加热会导致出现更多的起皮现象。

因此，现在的介子机就有加热淬火的功能，它可以局部加热，而且温度十分容易控制。

五、车身塑料件的修复

对于有一定强度要求的车身塑料件，尤其是当塑料件的破口损坏或缺陷较大时，可用塑料焊枪焊接。

1．准备

（1）塑料焊枪。

（2）塑料焊条。

（3）刀片。

（4）手电钻。

首先用锋利的刀子或手电钻将破裂的地方修剪成 V 形，如图 3-47 所示。暴露出一个大的受热表面和大的缝隙来填充软化的焊条，形成完全的结合和熔化；然后用干净清洁的布擦去接缝处的尘土和刮屑。但禁止使用有机溶剂（如汽油、酒精等）来清洗，因为这会造成零件边缘软化，从而导致焊接质量不佳。

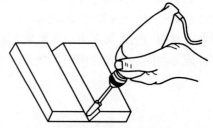

图 3-47 电钻钻出 V 形槽

当车身塑料件的变形与断裂并存时，应先进行热矫正。如果是局部小范围变形，可使用热风机或红外线烤灯等对变形部位加热。由于热风机存在加热不均的缺点，容易造成局部过热而烧损塑料件，操作时最好于变形部位的背面烘烤，待塑料稍一变软就立即进行按压、矫正。

2．启动焊枪

打开焊枪电源之前，应确定焊枪中已经通有干净的压缩空气流。

（1）打开压缩空气并将压力调至大约 17.2kPa。压力的设置可根据所焊塑料件的形式和厚度不同而改变。

（2）将焊枪插入电源上并预热 5～10min。

（3）将一个温度计放在距离焊枪末端的环箍热空气端 6mm 的地方来测查焊枪的温度。热塑性材料的焊接温度范围应在 204℃～399℃。

3．焊接

将焊枪握至距离工件与焊条端部 12mm，并使装焊条的端部与母材保持 90º。一般新焊条都是齐头的，在使用前还应将其端头剪成斜面才好用。在焊条与母材之间成"之"字形移动焊枪，让两者都均匀地预热。由于焊条很轻而且较小，所以为避免焊条加热过度而烧焦，应在母材上施加较多的热量。当焊条与母材发亮、发黏时就让焊条与母材接触。如果焊条预热充分，那么焊条就会被黏住。持续在焊条与母材之间移动焊枪，并施加压力将焊条压入 V 形焊接区域。当施加的热量充分时，在焊条和母材相接的地方就会形成一个熔化的焊波，焊条会开始弯曲并向前移动，如图 3-48 所示。在焊条和母材之间移动焊枪，使焊缝继续生成。

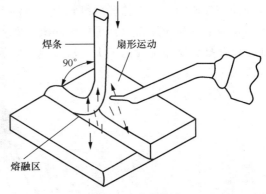

图 3-48　生成焊缝

当焊条被熔入焊接材料中时必须对其施加持续的压力。减去压力时可能会将焊条从焊接的焊缝上提起，使空气裹入焊接区域的底部，最终导致不良的焊接质量。

4．焊接区域的打磨

当焊缝影响美观或对安装有妨碍时，还要对其进行修整和打磨。当需要修整的量较大时，可锉削并结合粗、细砂纸打磨等方法。对于大焊缝上堆积的过多熔材，可以用一把锋利的刀子先初步清除掉焊接区域的过多塑料。打磨时必须格外小心，不能使焊接区域过热，否则它会变软而对焊接区造成损坏，因此要定时用水进行冷却。

5．检查焊接件的强度

在焊接区域被打磨得光滑平齐之后，还应该检查它是否有缺陷。在对焊接件进行弯折测试之前或之后都不能有可见的气孔或裂纹。焊接部分应该像零部件本身那样坚固。

六、纤维增强型塑料（FRP）的修补

纤维增强型塑料主要应用于车身壳体壁板、挡泥板和定风翼等塑料构件，其损伤形式多以浅表划伤和裂纹为主，如图 3-49 所示。

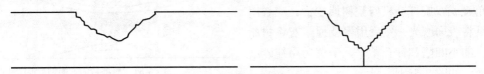

图 3-49　玻璃钢板的损坏形式

1．打磨

用双旋打磨机和砂纸对裂缝、划伤等待修补的表面及其周围进行打磨，要求磨出坡口并注意处理好其间的过渡关系。

2．调和

使用成套 FRP 补料（主要包括树脂、固化剂、玻璃布、玻璃纤维毡等），将合成树脂和固化剂按 60∶1 的比例掺和，并在调和板上调好后分成两份。应注意严格控制固化剂的加入比例，因为过多会使其开裂，过少则不易固化。

3．涂敷

将玻璃纤维毡剪碎后掺入其中的一份树脂中，拌均匀后将其填充到打磨好的破损处。剪一块比损伤部位稍大一点的玻璃纤维布，用刮板将另一份调好的树脂涂抹于玻璃纤维布上，然后把这块玻璃纤维布敷在填充了树脂的破断面上，如图 3-50 所示。对于强度要求比较高的部位，还可以在贴玻璃布之前先盖上一块金属加强板，最后将剩余的树脂再涂于玻璃布的表面并贴上隔离膜。

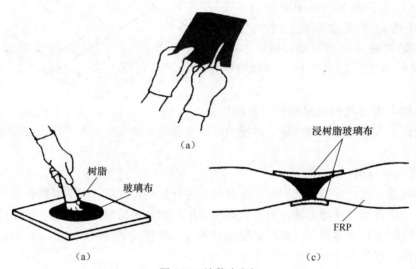

（a）

树脂

玻璃布

（a）

浸树脂玻璃布

FRP

（c）

图 3-50　涂敷玻璃布

4．干燥

贴上隔离膜须静置 20min，再用红外线烤灯慢慢加热。开始时可将烤灯的距离调得远一些，因为树脂受热过快会发生开裂现象。在 40℃～60℃范围内烘烤 2h 以上，待树脂完全干透固化后，揭去隔离膜。

5．修整

用单旋或双旋打磨机修整树脂表面，或者用中粗砂纸将表面磨光；然后用聚酯原子灰将树脂表面存在的小凹陷和针孔填平，干透后用细砂纸蘸水磨光，如图 3-51 所示。

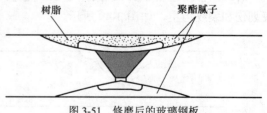

树脂　　　聚酯腻子

图 3-51　修磨后的玻璃钢板

◆ **任务实施**

一、典型车身金属件的修复

1．小事故车身金属件损伤的修复（以图 3-52 为例）

图 3-52　右侧前车门及翼子板的损伤

确定车身钣件损伤程度

用打磨机对车身损伤部位进行除旧漆

用吸拔法或惯性锤击法修复车身

连接好介子机地线

用手锤敲击凹陷背面

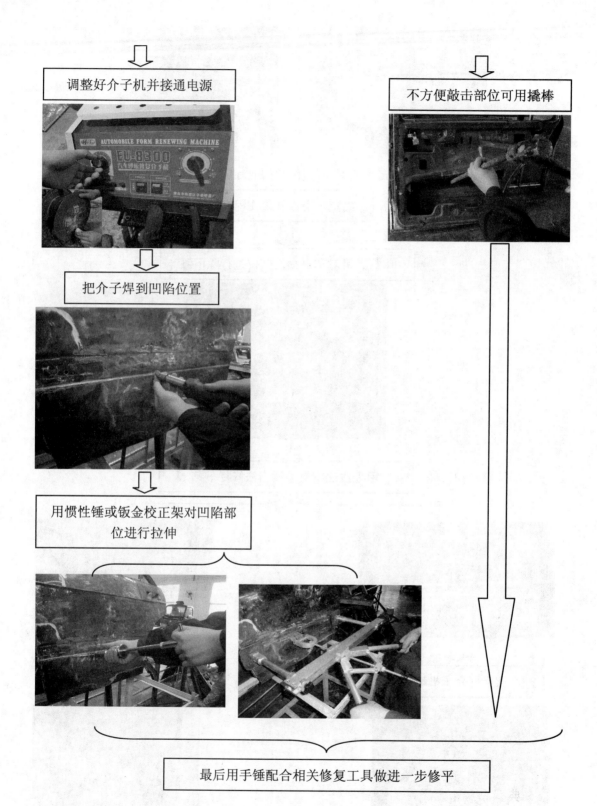

2. 较大事故车身金属件损伤的修复（以图 3-53 为例）

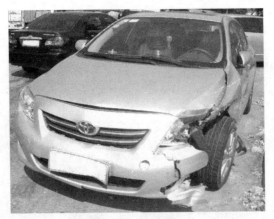

图 3-53　较大事故车辆

确定车身损伤程度

拆检损伤车身部位

对于无法修复或修复成本较高的部件进行更换新件

对于可修复的部件，用热校正或冷校正（吸拔法或惯性锤击法）对其进行修复

车身部件修复或更换新件后，再把之前拆下的部件逐一装复

钣金修复完工

二、典型车身非金属件的修复

1. 损坏较严重车身非金属件的修复（以图 3-54 为例）

图 3-54　车身非金属件的损伤

图 3-54 所示为丰田威驰小轿车后保险杠发生碰撞损伤,在对车身非金属件进行修复时,类似损伤比较严重的非金属件应采取直接更换的办法修复,原因主要是裂缝太长,并且保险已经老化。如果保险杠没有老化,一般不会出现图中的情况,所以应进行更换修复。

2. 损伤较小的车身非金属件的修复(以图 3-55 为例)

图 3-55　车身非金属件的损伤

下图为广州本田奥德赛小轿车,由于后部发生碰撞,损伤相对较严重。下面主要讲述后保险杠的修复方法,即更换修复或者直拉修复。

此处是保险杠一个角裂开一个口，此部位可用塑料焊枪进行焊接，完成修复。

此处是保险杠发生了凹凸损伤，在修复时可直接用塑料焊枪对凹凸进行加热，待其温度升高塑料件变软后直接利用垫铁把凹凸部位推至原来位置，使其形状符合要求，完成修复。

项目一 底材处理

◆ **任务引入**

  汽车发生碰撞后，首先要进行钣金校正。在钣金校正过程中会出现钢板裸露的现象，此时应对钢板进行防锈处理，而如果原子灰直接刮涂在钢板表面则会降低附着力，还有可能出现脱落的现象，所以要在钢板表面做环氧底漆处理。车身要想得到一个平整而又光滑的表面，就要在刮涂原子灰后进行细致的打磨，而这一系列的工作都要在喷涂之前完成。

图 4-1 中标注：空气压缩机　油水分离器　出气管　储气罐　冷冻干燥机　进气管

图 4-1　压缩空气供给系统

◆ **相关知识**

一、喷烤漆设备的使用

1. 压缩空气供给系统

  （1）压缩空气供给系统的组成。压缩空气供给系统一般由空气压缩机（气泵）、空气净化设备和空气输送管道等组成，如图 4-1 所示。

  （2）空气压缩机。空气压缩机是所有空气系统的心脏，其作用是将普通空气的气压大幅提高。它必须具有足够的产气量以保证工具设备正常运转。产气量是由压缩机的功率来决定的，一般汽车修理厂使用的空压机为 10～30HP，一般来说，功率越大压缩机的工作能力越强。汽车维修行业使用的空压机一般有活塞式和螺杆式两种类型，如图 4-2 和图 4-3 所示。

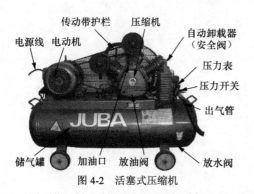

图中标注：电源线　电动机　传动带护栏　压缩机　自动卸载器（安全阀）　压力表　压力开关　出气管　储气罐　加油口　放油阀　放水阀

图 4-2　活塞式压缩机

图 4-3　螺杆式压缩机

  （3）储气罐。储气罐用来储存空压机生产出来的压缩空气，如图 4-4 所示。

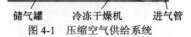

　　储气罐的大小应根据用气量及空压机的产气量来决定；储气罐的容积越大则空压机两次启动的间隔时间越长；储气罐的工作压力必须大于车间工具所需压力以确保生产需要。

　　配备良好的储气罐可有效减少压缩机的工作时间，减少压缩机的频繁启动，从而减少压缩机的磨损和维修工作。因此，储气罐是所有工业厂家的必备品，同样一般修理厂也要配备，这样可以减少开支，提高效率。

　　（4）空气净化器。在汽车涂装作业中使用空气净化器是为了除掉压缩空气中的水、油以及杂质，使接入喷枪的压缩空气干净，否则会影响喷涂效果。一般汽车修理行业用的空气净化器如图 4-5 所示。

图 4-4　储气罐

进气口

出气口

图 4-5　空气净化器

　　（5）软管和接头。空气压缩机是心脏，管道是血管，即主管道将压缩空气输送到每个需用气的地方，以方便工作。为解决气压不稳、气流量不够的问题，强烈建议用合适直径的管道；另外在管道选材上也要特别注意，若选材不当，则意味着在自己厂里埋了一颗延时炸弹。

　　① 管材选购材质要求。

　　（a）管道直径大小合适，以保证供气量。

　　（b）管道材质的各项性能良好，包括耐温、耐压。

　　（c）必须防锈和抗腐蚀，因为压缩空气中含有大量腐蚀性物质，会影响喷涂效果。

　　（d）防漏气：若没有良好的封闭性，那无疑是你的资金在慢慢地漏掉。

　　（e）安装的维护方便，也就是该管道必须在改、拆、增等各种情况变换下均操作方便。

　　（f）管道外观及布局是否合理，是否影响整厂美观。

　　② 管道直径计算与选择。

　　（a）计算整厂的管道长度。

　　（b）计算整厂的用气量。

　　（c）选择最合适的管道直径。

　　③ 管道的安装与合理布局。

　　（a）倾斜装置：建议主管道倾斜 0.2%～0.5%，以便排出湿气，如图 4-6 所示。

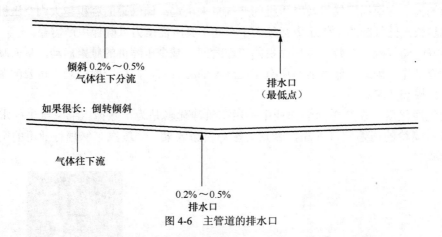

图 4-6 主管道的排水口

（b）正确地布局，以保证足够的气量和气压平衡，如图 4-7 所示。

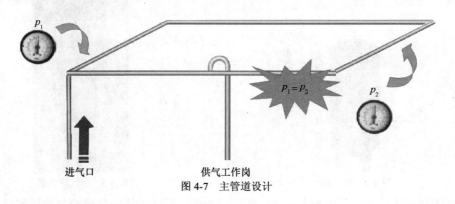

图 4-7 主管道设计

④ 管道直径计算和选择如表 4-1 所示。

表 4-1　　　　　　　　　　流体经过一定长度软管后产生的压降

分离器/调节器处的气体压力/KPa		在不同的软管长度时喷枪处的气体压力					
		1.5m	3m	4.5m	6m	7.5m	15m
软管内径1/4英寸	340	296	276	262	248	234	152
	410	352	331	317	296	283	200
	480	407	386	365	352	331	248
	550	469	441	421	400	379	296
	1 175	524	490	469	448	421	352
软管内径5/16英寸	340	331	324	317	317	310	276
	410	393	386	379	379	372	338
	480	455	448	441	434	434	393
	550	517	510	503	496	490	455
	1 175	580	572	565	558	550	510

注意 若用于一支标准的生产型喷枪，可选用内径为 0.79cm 的软管，最大长度为 1524cm。若用于气动泵，可选用内径为 0.95cm 的软管，从气源到泵之间的软管长度最大为 1524cm。

⑤ 接头。在汽车涂装作业中使用的供气软管接头一般为快速接头。常用的快速接头如图 4-8 所示。

图 4-8 快速接头

2. 喷枪

喷枪是涂装修理的关键设备。喷枪是将涂料（油漆）均匀地喷涂在车身表面，得到良好的防腐与涂装效果。利用压缩空气对进入喷枪的涂料进行雾化并对车身表面涂敷是车身表面装饰最重要的工艺之一。喷枪的功能是利用压缩空气的压力将液体雾化，形成雾状射流。雾状化的油漆在喷流中分裂成微小而且均匀的液体滴喷在汽车表面，形成薄厚均匀具有光泽的薄膜。

（1）空气喷枪的类型。按涂料供给方式可分为吸力进给式、重力进给式、压力进给式三种类型，如表 4-2 和图 4-9～图 4-11 所示。

表 4-2　　　　　　　　　　空气喷枪类型

类　型	涂料供给方式	优　点	缺　点
吸力进给式	油漆罐安装在喷嘴下方，仅用吸力供应油漆	喷枪工作稳定，便于向油漆罐加油漆或变换颜色	喷涂水平表面困难。黏度变动导致排量变化，油漆罐比重力进给式大，因而操作者较容易疲劳
重力进给式	油漆杯安装在喷嘴上方，用重力及喷嘴尖的吸力供应油漆	油漆黏度不变，所以喷量不会变化；油漆杯的位置可按喷漆件的形状变更	由于油漆杯安装在喷嘴上方，反过来就会影响喷枪的稳定性；油漆杯容量小，不适合喷射较大的表面
压力进给式	用压缩空气给油漆罐加压，把油漆送到喷嘴	喷涂大型工件表面时不必停下来向油漆罐加油漆，也可使用高黏度油漆	不适合小面积喷漆，变换颜色及清洗喷枪需要较多时间

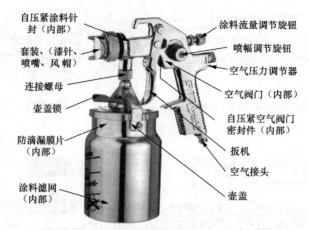

自压紧涂料针封（内部）

套装、（漆针、喷嘴、风帽）

连接螺母

壶盖锁

防滴漏膜片（内部）

涂料滤网（内部）

涂料流量调节旋钮

喷幅调节旋钮

空气压力调节器

空气阀门（内部）

自压紧空气阀门密封件（内部）

扳机

空气接头

壶盖

吸力进给式空气喷枪是使用最普遍的一种喷枪。油漆置于罐内，扣动扳机，压缩空气冲进喷枪，气流经过气帽开口时形成局部真空，罐中的油漆被真空吸往已开启的针阀，形成雾状喷射流。

图 4-9 吸力进给式喷枪

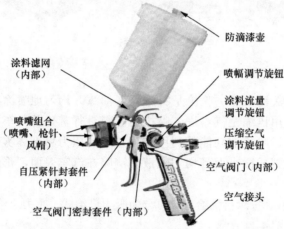

涂料滤网（内部）

喷嘴组合（喷嘴、枪针、风帽）

自压紧针封套件（内部）

空气阀门密封套件（内部）

防滴漆壶

喷幅调节旋钮

涂料流量调节旋钮

压缩空气调节旋钮

空气阀门（内部）

空气接头

重力进给式空气喷枪是利用油漆自身重力流入喷嘴进行雾化喷射的。这种喷枪适用于较稠的涂料。

图 4-10 重力进给式喷枪

容器压力表

压力罐空气输出接口（接喷枪）

压缩空气输入控制球形阀门

压缩空气输入口

喷枪

压缩空气输入喷枪导管

涂料输入喷枪导管

容器压力安全阀

耐压容器

压力进给式空气喷枪是利用压缩空气进入油漆罐中，推动油漆从细管进入喷嘴的。

图 4-11 压力进给式喷枪

（2）喷枪的主要零件。典型喷枪的主要零件包括气帽、喷嘴、顶针、扳机、气流控制钮、空气阀门、扇形调节钮和手柄。

气帽把压缩空气吸上来的油漆使用其雾化并形成一定形状。气帽上的孔有三种，即中央雾化孔、扇面控制孔和辅助雾化孔，如图4-12所示。中央雾化孔位于喷嘴尖上，用来产生真空以排出油漆；扇面控制孔在压缩空气作用下，形成喷射形状；辅助雾化孔则促进油漆的雾化。喷枪气帽上的气孔数量及大小是配合喷枪的整体设计的，故不可根据气孔数量及大小判断喷枪的雾化效果。

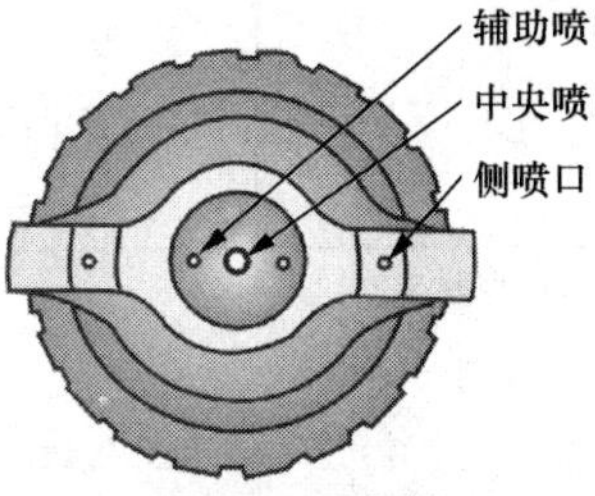

压缩空气从气帽喇叭筒的两个扇面控制孔流过形成一定的喷射形状。如果关闭扇形调节钮，喷出的涂料呈圆形；打开调节钮，喷出的涂料则呈椭圆形。

针阀直接控制着油漆的吸入量。从喷枪前端喷出油漆的实际数量取决于针阀控制的喷嘴开口的大小。不同的涂料应选用不同规格的喷嘴。扣动扳机时，流体控制钮即可调节喷嘴实际开度。气阀是在扳机扣动时开启的，针阀也随之开启。

图4-12 气帽

（3）喷枪的清洗与保养。喷枪及其附属设备在使用之后应立即彻底清洗并进行必要的维护保养，这是防止发生故障最好的预防措施。

手工清洗喷枪具体过程如下（重力式喷枪即上壶喷枪）：

① 打开储漆罐上盖倒入80ml左右的稀释剂，并盖紧上盖，充分摇动喷枪后倒出稀释剂。

② 再往储漆罐内加入80ml左右的稀释剂，喷枪接上压缩空气，对着废料桶扣动扳机，此时不断调整喷枪的流量和扇面调节阀。

③ 拆下喷枪的气帽放入容器内清洗。阻塞的孔应予以疏通，切记不可用金属丝通小孔，以免损坏。

④ 用毛刷或抹布抹去喷枪外部的油漆。

⑤ 把气帽装好后，再次向储漆罐内加入40ml左右的稀释剂，接上压缩空气，对着废料桶把稀释剂喷干净。

（4）喷枪常见故障处理（见表4-3）。

表4-3   喷枪问题与处理方法

现 象	原 因	处 理 方 法
偏左或偏右 	1. 气帽一侧的扇面控制孔堵塞 2. 气帽受损	1. 清洁气帽 2. 更换喷嘴套装
喷幅中央过厚	1. 喷涂的涂料黏度太高 2. 喷涂压力太低 3. 喷嘴的口径和顶针由于磨损而增大和变小	1. 调低涂料黏度 2. 增大喷涂压力 3. 更换喷嘴套装
喷幅分裂 	1. 涂料黏度太低 2. 喷涂压力太高 3. 扇面控制孔内径偏大 4. 涂料不够 5. 雾化空气通道堵塞	1. 调高涂料黏度 2. 调低喷涂压力 3. 更换喷嘴套件 4. 添加足够的涂料 5. 清洁喷枪的空气通道

续表

现　象	原　因	处理方法
跳枪	1．喷嘴没拧紧或没装好 2．枪针密封套件松动 3．喷枪的连接螺母松动 4．壶里涂料不足 5．喷嘴套装损坏	1．旋紧喷嘴或清洁并安装喷嘴套装 2．紧固枪针密封套件 3．旋紧连接螺母 4．补充涂料 5．更换喷嘴套装
喷幅形状呈重心偏向一侧	1．气帽中心孔或雾化孔堵塞	1．清洁喷嘴套装
喷幅上重或下重	1．喷嘴、枪针或气帽的空气出口上有杂物堵塞 2．气帽或喷嘴受损	1．清洁喷嘴套装 2．更换喷嘴套装
喷不出涂料或少量出漆	1．枪壶盖的空气补充孔堵塞或气帽及吸料管严重堵塞 2．壶内没有涂料 3．枪针行程太小	1．清洁壶盖上的空气补充孔、气帽及吸料管 2．补充涂料 3．旋转涂料流量调节旋钮增大针阀的行程
喷嘴处漏涂料	1．枪针密封螺帽太紧 2．喷嘴端口内部有异物 3．喷嘴和枪针不配套或有损伤 4．顶针回位弹簧断掉或未装	1．旋松枪针密封螺帽 2．清洁喷嘴 3．更换喷嘴套件 4．更换枪针回位弹簧或安装枪针回位弹簧
喷幅不能调节	1．气帽的两侧扇面控制孔堵塞 2．喷幅调节器受损或装错 3．喷枪扇面控制孔的空气通道堵塞	1．清洁气帽 2．更换喷幅调节器或正确安装喷幅调节器 3．清洁空气通道
不能正常调节气压或刚接上压缩空气气就喷出	1．空气调节器受损或空气阀门损坏 2．空气阀门回位弹簧断掉或未安装	1．更换空气调节器或空气阀门 2．更换空气阀门回位弹簧或装上空气阀门回位弹簧
枪针密封件漏涂料	1．枪针密封圈磨损 2．枪针密封圈垫未安装 3．枪针密封圈弹簧损坏或未安装 4．枪针密封螺帽松脱 5．枪针与密封圈的接触处磨损 6．枪针与喷枪不配套	1．更换枪针密封圈 2．加装枪针密封圈弹簧 3．更换或加装枪针密封圈弹簧 4．拧紧枪针密封螺帽 5．更换喷嘴套装 6．更换与喷枪相配的喷嘴套装

3．喷烤漆房

车身修理会不断产生粉尘和污物，许多微小的尘粒几乎无法控制其散发方向。在这样的环境中进行喷漆显然是不合适的，因此需要设置独立的喷漆房，为喷漆提供一个清洁、安全、照明良好的密封环境。

烤漆房是利用烘干设备将已喷漆表面的漆层快速烤干的专用场地。它可以独立设置，也可以与喷漆房连成一体。在现今的汽车维修行业中，喷漆房和烤漆房大多是合并在一起的。

（1）喷烤漆房的基本要求。喷烤漆房应当有合理的通风设备、充足的照明、有效的防火设施以及符合环境保护要求的密封措施。如果喷漆房必须与金属加工部分或其他多尘部分同处一室，就应当采取分隔措施，如用隔板、隔墙等措施单独构建一个喷漆空间。

（2）喷烤漆房的换气系统。喷漆房有两种形式：一种是单室式的，只具有喷漆功能；另一种是双室式的，同时具有喷漆和烘干功能。风机和过滤器都设置在喷漆房外。换气系统应达到每小时换气两次或更多次的要求。如果喷漆区在冬季温度比较低，冷空气对冷物料喷成的冷面层会带来不利的影响，此时在空气供给系统中应增加恒温装置，以提供温度适宜的空气来满足喷漆的需要。目前换气系统有三种形式：正向流动喷漆房、反向流动喷漆房和下向通风喷漆房，在汽车维修行业中用得最广泛的是下向通风喷漆房，如图4-13所示。

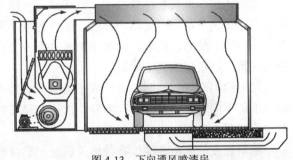

图4-13　下向通风喷漆房

（3）喷烤漆房的空气过滤系统。喷烤漆房最重要的安全设施是过滤系统，其作用主要是将混杂在喷漆房空气中的油漆粒子和其他污染物过滤掉，使排出的气体不致污染大气。另外，进入喷漆房的空气也要过滤才能保证喷漆的质量。目前使用的是干过滤系统。

（4）喷烤漆房的工作原理。当喷漆作业时，室内温度可控制在20℃～22℃。同时从天花板送下暖空气，空气流速为16～40m/min，顺重力方向至底部并被抽出，经排风系统分离出漆雾和空气后排出室外。

喷漆完毕后静置10～30min，随即进行加温。送进经热能转换器加温的热空气，使房内温度达至指定的烘烤温度。空气流速为3m/min左右（流速太高，会引起漆膜出现小凸泡）。此时气流为封闭式循环系统，空气为加速干燥作重复循环，以节省加温能源并提高烘干效率。

二、底漆基础知识

底漆是直接涂覆在表面经过处理的施工物体表面的基础用料，其作用一是防止金属表面的氧化腐蚀，二是增强金属表面与原子灰之间的附着力。

合适的底漆是面漆耐久、美观的前提。如果底漆不好，面漆的外观就会受到影响，甚至出现裂纹或剥落。

1. 涂料的选配与调制

（1）涂料的选配。搞清楚所需要修补车辆原来的涂装系统以及每一道涂层所采用的漆种，是做好汽车修补涂装非常重要的一步。

汽车涂装系统由当初最原始的2C2B发展到今天的7C5B，即二涂二烘和七涂五烘，涂层的总厚度也由原来的30～40μm增加到130～150μm，逐步实现了由低级到高级的过渡，能够初步满足汽车工业对不同档次车辆涂装的要求。

汽车总装厂通常采用的涂装系统大体可分为以下几类。

① 底漆—原子灰—本色面漆。

② 底漆—原子灰—中涂底漆—本色面漆。

③ 底漆—原子灰—中涂底漆—打底漆—罩光清漆。

④ 底漆—原子灰—中涂底漆—纯底色漆—罩光清漆。

⑤ 底漆—原子灰—防砂石撞击涂料—中涂底漆—打底漆—罩光清漆。

⑥ 底漆—原子灰—中涂底漆—打底漆—底色漆—罩光清漆。

⑦ 底漆—原子灰—防砂石撞击涂料—中涂底漆—打底漆—底色漆—罩光清漆。

如果只能得到涂装系统的有关信息，却无法了解到配套涂料的品种，就要根据各类涂料各自不同的特性和匹配要求进行选配。一般应根据被涂物面材料、使用环境、施工条件及经济效果等进行合理选配。尤其要注意底漆、原子灰、面漆三者的合理配套，一般来说涂层之间采用同类涂料配套是最简单又切合实际的办法，但有时候不同品种之间的合理搭配，反而可以使整个涂装系统显示出更为优异的性能。但如果三者搭配不当，就会产生涂膜间附着力差，起层脱落，咬底泛色等现象，严重影响施工质量。

（2）涂料黏度的调制。对于双组份涂料应加入固化剂，然后根据涂料使用说明书的要求及环境温度的不同加入稀释剂进行稀释，以达到要求的施工黏度；对于单组份的涂料则直接加入稀释剂进行稀释。

涂料黏度的大小直接影响着施工质量，黏度过高将会使表面粗糙不均、出现针孔和气孔等缺陷；黏度过低则会造成流挂、失光，使漆膜形成得不丰满。不同的涂层对涂料的黏度要求也有所不同，所以车身涂装作业中应根据技术要求调整黏度。

① 黏度计。许多油漆工在调配油漆时不考虑油漆的黏度，这是严重的错误。

常用黏度计有：福特 3 号杯、福特 4 号杯、涂-4 号杯等。计量单位为"s"，如图 4-14 所示。

涂料黏度随着温度的升高而下降，不同的涂料，其黏度随温度的变化有所不同。一般温度升高或降低 2℃，涂料黏度降低或升高 0.5s。不同涂料的黏度差异见表 4-4。

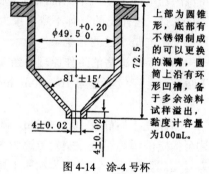

图 4-14　涂-4 号杯

表 4-4　不同喷涂材料的黏度差异

序 号	涂 料 种 类	涂-4 杯黏度测试（20℃）/s
1	自干型硝基和丙烯酸树脂溶剂挥发型涂料	15～18
2	聚氨酯修补漆或氨基醇酸烤漆	20～24
3	自干型醇酸油漆	25～30

② 油漆调配比例尺。世界各油漆厂商供给一批油漆调配比例尺，便于油漆工操作简化。如雅图公司提供的金易达汽车漆调配比例尺选用铝质底材，每一边用黑色蚀上不同的刻度，其中 2K 素色漆一面调配比例为 2:1、稀释剂用量的质量分数为 5%～25%的产品而设计的；另一面 1K 金属漆调配比例为 1:1，稀释剂用量为 0.6、0.8 的产品而设计的。使用油尺就省掉用称重或量器去量度份量的麻烦，可谓一尺走天涯，既实用又方便。

（3）黏度调整工艺。

① 按施工要求，在容器内加入适量的底漆。

② 按工艺规定黏度加入固化剂，然后分几次加入适量稀释剂，用油漆调配比例尺调配。

③ 用油漆专用过滤漏斗将调配好的底漆过滤。

④ 用手堵住黏度测量杯的小孔，将过滤后的涂料倒入杯内至规定刻线。

⑤ 松开手，同时用秒表记录时间，直到全部滴落完毕，则所记录的时间即为所调涂料的黏度。

注意　用不同黏度计测同一涂料所得的黏度值可能是不同的。油漆供应商提供黏度标准值的同时，也提供了所用的黏度计，否则应提示其所规定的黏度是用什么类型的黏度计测量的，这一点调制时必须注意。市场供应的过滤漏斗一般为纸制，只在锥尖部分制有筛网，为一次性用品。

（4）涂层的厚度。涂膜的保护力一般是随涂膜厚度的增加而提高的，在不同的使用条件下，涂层的厚度应控制在一定的范围内。若涂层低于厚度的下限，就不能有满意的保护作用，还会出现露底或肉眼看不见的针孔，外界的水分、化学腐蚀介质等容易侵蚀到涂层内部，降低涂层的寿命。但涂层过厚就会增加成本，还会引起回黏、起泡、皱纹等质量问题。通常涂层控制厚度见表4-5。

表4-5　　　　　　　　　　　　通常涂层控制厚度表

环境条件	控制厚度范围/μm	环境条件	控制厚度范围/μm
一般性涂层	80～100	有侵蚀液体冲击的涂层	250～350
装饰性涂层	100～150	耐磨损涂层	250～350
保护性涂层	150～200	厚浆涂层	350～1 000
有盐雾的海洋环境涂层	200～250		

2．底漆的种类

底漆的种类繁多，根据其使用目的不同可分为磷化底漆、环氧底漆和塑料底漆。

（1）磷化底漆。磷化底漆（phosphide priming paint），又称洗涤底漆。由聚乙烯醇缩丁醛树脂、锌铬黄及助剂组成。以醇类为溶剂，以磷酸为处理液，通常为两罐装（也有单罐装，但防锈效果较差）。组成组分A，与分装的组分B（磷化液）按一定比例配套使用。

磷化底漆的主要用途：

磷化底漆所形成的薄膜（10～15μm）牢固附着在金属表面，起到磷化和钝化处理的作用，广泛用于钢铁及有色金属的增强防锈，尤其适宜海洋、湿热地区等处设备和结构的保护。对大型构件可代替磷化处理，但它不能代替底漆，应涂其他底漆或防锈漆才能有较好的效果。该漆作为有色及黑色金属底层的防锈涂料，能代替钢铁的磷化处理，可增加有机涂层和金属表面的附着力，防止锈蚀，延长有机涂层的使用寿命。适用于各种船舶、桥梁、水槽、管道、码头、浮筒、仪表及其他各种金属构件和器材表面的涂装。

（2）环氧底漆。无溶剂环氧底漆又叫环氧高强涂料，主要以改性环氧树脂作为成膜物，利用活性稀释增韧聚氨脂作为固化剂，实现无溶剂化。无溶剂环氧底漆赋予涂层良好的黏接力、优异的化学稳定性和机械性能。

无溶剂环氧底漆内加入鳞片状填料不但能提高涂层的机械性能，还能够起到良好的涂层屏蔽作用，具有良好的防腐作用。无溶剂环氧涂料的配套固化剂黏度低，固化后涂层具有良好的防腐性能、硬度韧性和密实性，并有相对较合适的使用期和固化时间。

无溶剂环氧底漆除兼溶剂性环氧涂料的优良绝缘性、优异的化学稳定性外，在黏接力、韧性、冲击强度、耐剥离强度方面也有了很大的提高。施工中无溶剂挥发，一次成膜度可达 200μm 以上，无针孔弊病；节省能源，保护环境。无溶剂环氧涂料具有强度大、固体含量高、防蚀性能好、施工工序简单、无环境污染等众多优点。它适用于钢板、铝材、不锈钢、镀锌钢板的重度防锈、防腐蚀。

（3）塑料底漆。塑料底漆又称为单组份附着力促进剂，专用于汽车塑料零配件的喷漆，加强涂料与塑料之间的附着力。

三、原子灰、填眼灰

原子灰（Poly-Putty Base）俗称腻子，又称不饱和聚酯树脂腻子，是近 20 多年来世界上发展较快的一种嵌填材料，让一度落后的汽车钣金修理业实现了跨时代的飞跃，如图 4-15 所示。HL-1 原子灰、HL-2 原子灰是由不饱和聚酯树脂（主要原料）以及各种填料、助剂经过精制而成，与固化剂按一定比例混合，具有易刮涂、常温快干、易打磨、

图 4-15　原子灰

附着力强、耐高温、配套性好等优点，是各种底材表面填充的理想材料。它是由改性树脂、颜料、填料、防沉降剂、钴盐引发剂阻聚剂等助剂，及固化剂（过氧化物）按重量比 100:1.5～3 调配而成的一种方便快捷的双组份新型嵌填修补材料。

1．原子灰组成

基料：不饱和聚酯树脂。

混合比：原子灰主剂：固化剂=100:2（产品密度比 1l:1.85kg)。

混合性：原子灰主剂与固化剂易混合均匀。

光泽：亚光。

干燥时间：（23℃±2℃，50%±5%）干燥 10～15min 可以打磨。

2．原子灰特点

与我国传统腻子如桐油腻子、过氯乙烯腻子、醇酸腻子等相比，原子灰具有灰质细腻、易刮涂、易填平、易打磨、干燥速度快、附着力强、硬度高、不易划伤、柔韧性好、耐热、不易开裂起泡、施工周期短等优点，在各行业几乎都取代了其他腻子。

3．原子灰种类

根据不同行业不同性能的要求，原子灰可分为汽车修补原子灰、制造厂专用原子灰、家具原子灰、钣金原子灰（合金原子灰）、耐高温原子灰、导静电原子灰、红灰（填眼灰）、细刮原子灰、焊缝原子灰等，可根据自己的要求选定最合适的原子灰产品。在油漆化工店、调漆店、油漆化工经销商、原子灰厂家等均能购买得到适合的原子灰产品。

4．原子灰用途

主要是对底材凹坑、针缩孔、裂纹和小焊缝等缺陷的填平与修饰，满足面漆前底材表面的平

整、平滑。广泛应用于火车制造、轮船制造、客车制造、工程机械制造、机床机械设备制造、汽车修补、家具、模具、混凝土砼体类建筑物及各种需要填平修补的金属制品、木制品、玻璃钢制品等领域。

5．填眼灰

填眼灰又称为红灰，它是单组分的填料，主要由硝化纤维素和醋酸或亚克力树脂组成，如图 4-16 所示。填眼灰主要使用于中涂漆，诸如喷涂之后还存在于表面的砂纸痕和针孔。但是不可使用于深凹陷的部位。

图 4-16　填眼灰

◆ 任务实施

一、典型喷烤漆房的使用与维护

1．喷烤漆房的使用（见图 4-17）

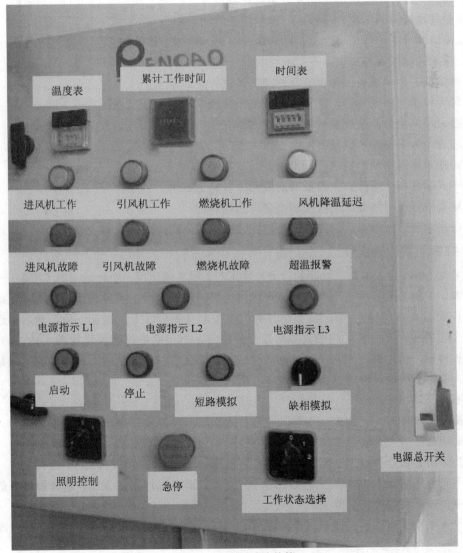

图 4-17　喷烤漆房电控箱

（1）喷漆。

① 打开电源开关，此时烤漆房已通电。

② 打开照明开关，把状态选择开关调到喷漆位置。

③ 退出急停开关，按下启动键，此时烤漆房进入喷漆工作状态。

（2）加温喷漆。

① 打开电源开关，此时烤漆房已通电。

② 打开照明开关，把状态选择开关调到加温喷漆位置。

③ 调整烤漆房内温度至合适温度。

④ 退出急停开关，按下启动键，此时烤漆房进入加温喷漆工作状态。

（3）烤漆。

① 打开电源开关，此时烤漆房已通电。

② 打开照明开关，把状态选择开关调到烤漆位置。

③ 调整烤漆房内温度至合适温度，调整烤漆时间。

④ 退出急停开关，按下启动键，此时烤漆房进入烤漆工作状态。

2．喷漆间的维护保养。

（1）喷漆前的一切准备工作都要在喷漆间外进行。

（2）每天检查气压表读数，掌握喷漆间气压范围，严禁出现负压。

（3）必须经常检查并按规定时间更换过滤器。

（4）注意个人卫生，严禁身着脏服进入喷漆间。

（5）定期对排风扇及电机进行润滑保养。

（6）干式喷漆间在喷涂施工前要湿润地面，以利于防尘。

（7）定期检查照明情况，更换变弱或烧坏的灯具。

（8）每次涂装作业结束后，应彻底清扫，并维护和清洗喷漆间内有关设备。

二、打磨羽状边的操作

钣金工校正好车身表面后，涂膜的边缘与裸露的金属之间出现一个台阶，为了产生一个宽的、平滑的边缘，使施涂的各涂层平和过渡，可以将涂膜的边缘打磨，也称为磨羽状边。正确的磨羽状边的操作如图 4-18（a）所示，将整个打磨机压在车身钣金件上，提起一边，然后沿边界线移动打磨机。边界线和打磨机之间的关系必须保持恒定。不正确的打磨操作如图 4-18（b）所示，如果提起打磨机，使之离开凹穴，并且移向涂装区，那么它只能刨涂料，这样做的结果是扩大裸金属区域，而不会产生足够宽的羽状边。

注意事项：

（1）操作打磨机时，一定要在接触到钣金件表面后，再开动打磨机。此时不要用力，否则会出现较深的沟槽，且在开动打磨机前要对准需打磨的边缘线。

（2）为了防止钣金件过热变形，不要将打磨机停在一个位置过长时间。

（3）不允许采用低于 120# 的干磨砂纸以 90°交叉打磨凸出很高的表面，这样做将会造成很深的打磨伤痕，以后将很难将其除去。

（4）千万不要将粗砂磨料接触打磨区域附近完好的油漆表面，最好用胶带把完好的涂层部位保护起来。

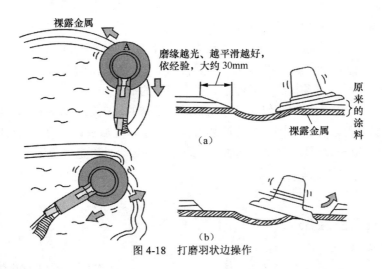

图 4-18　打磨羽状边操作

三、底漆的喷涂方法

1．遮蔽

（1）遮蔽材料。在喷涂前，遮蔽是很重要的一步。常用的遮蔽材料为遮蔽纸和美纹胶带，如图 4-19 所示。

由于使用的环境复杂，有的适用于炎热干燥的沙漠地区，有的则适用于寒冷潮湿的区域。因此，为了很好地完成喷漆工作，所选用遮盖胶带必须满足气候环境的变化和防止车间脏物和灰尘对漆面的影响，有些遮盖胶带有专门的用途。

目前很多汽车涂装行业中所用的遮蔽纸都是废报纸，但是废报纸较易撕扯而且带有纸屑，因此这是对油漆最大的污染源之一。更要注意的是决不能用报纸来遮盖清漆面，因为报纸中

图 4-19　遮蔽

含有油墨，油墨会溶入油漆的溶剂中，然后进入漆层，使油漆颜色发生改变。

（2）不同部位的粘贴方法。

① 胶带的基本粘贴方法。美纹胶应选用质量好的，若质量差，使用后会出现粘贴剂残留或其他问题，造成不必要的麻烦。粘贴胶带的基本方法如图 4-20 所示。

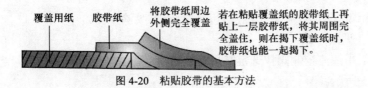

图 4-20　粘贴胶带的基本方法

② 风窗玻璃的遮蔽。遮蔽风窗玻璃时，主要使用 50cm 宽的纸，不够的部分再用 10～20cm 宽的纸粘贴上。四周用 12～15mm 宽的粘贴带粘住，如图 4-21 所示。

③ 喷涂两种颜色时的遮蔽。当汽车被喷涂成两种不同的颜色时，应首先喷涂一种颜色。油漆干燥后，用 19mm 的胶带把这种颜色的周边遮蔽。最好用其边切得非常整齐而且很薄的胶带纸。有些车身喷漆工喜欢选用细胶带，因为胶带薄，可以精确地把两种颜色的漆面分开，留下的条纹少。然后，把该颜色的漆层用合适尺寸形状的遮蔽纸遮蔽好。遮蔽纸上的胶带粘到已粘好的周边胶带上，多余的边折叠，粘贴牢固。最后，根据需要，可以再用遮蔽胶带沿遮蔽纸的底部和边缘

粘贴,清晰地标出另外一种颜色油漆的喷漆面。

④ 反向遮蔽法。反向遮蔽法和流线边缘遮蔽法常用在局部钣金件需要喷漆的情况下。首先在曲面弯曲前的平面上轻轻地粘贴一条胶带。然后再用另外一条胶带粘贴弯曲的表面。这样可以对喷漆产生足够的扰动,当胶条揭除后,便不会留下明显的痕迹。

沿流线边缘进行反向粘贴时可以采用预先粘贴好胶带的遮盖纸。首先把遮盖纸沿流线型钣金件边缘的最高端放置好,用胶带固定。使遮盖纸自然下垂,然后反向折叠,使反向折叠的弧线超过流线型边缘12~20mm。最后把遮盖纸的另一边固定到钣金件合适的位置上,如图4-22所示。

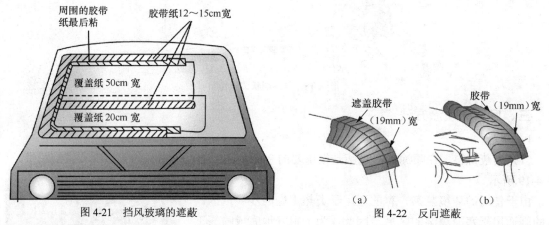

图 4-21 挡风玻璃的遮蔽   图 4-22 反向遮蔽

2. 除油清洁

对需要喷涂底漆的车身表面用专用的除油剂进行除油,用一次性除尘布进行除尘,如图4-23所示。

3. 调配环氧底漆

2K环氧底漆与固化剂、稀释剂的比例为2:1:1,调均匀后过滤装枪。

4. 喷枪的调整

喷枪的检查与调整,在喷涂底漆之前要进行。

(1)检查。喷杯上的气孔有无污垢堵塞;喷杯上密封圈有无渗漏等。

图 4-23 用粘尘布除尘

(2)调整。先调节气帽,再调节漆流量,然后调节喷涂压力。

① 喷幅调整(见图4-24)。

② 流量调节。用漆流控制阀按选定雾型调整流量,将控制阀拧出时漆流量增大,拧进时漆流量减少,如图4-25所示。

③ 气压调整。严格按照油漆产品说明书所提供的施工参数调整喷枪的压力。对任何油漆系统而言,最适当的空气压力只有一个,就是能使涂料获得最好雾化的最低空气压力。在软管接头和喷枪之间接一个调压阀,用来调整喷枪压力。最佳的压力是指获得适当雾化、挥发率和喷雾扇形宽度所需的最低压力。压力太高会因飞漆浪费大量油漆,抵达工件表面前溶剂挥发快导致流平性差,容易产生橘皮等缺陷;压力太低会因溶剂保留得多而造成干燥性能差,漆膜容易超泡和流挂。

④ 涂料分布测试。通过雾形测试,看流挂情况,检查调整是否正确。

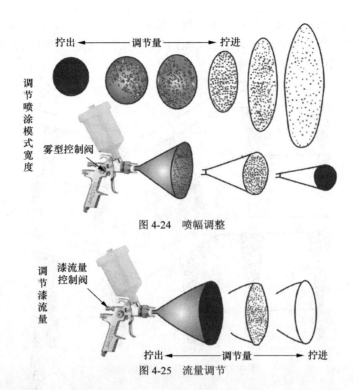

图 4-24 喷幅调整

图 4-25 流量调节

（a）喷涂气压调至 200～350kPa。

（b）喷嘴至测试纸为 15～20cm。

（c）气帽转成垂直于水平面喷涂。

（d）喷涂至有垂直流痕现象，立即停止测试，结果如图 4-26 所示。

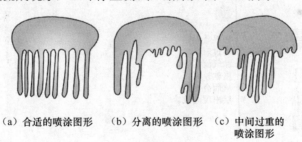

（a）合适的喷涂图形　（b）分离的喷涂图形　（c）中间过重的
　　　　　　　　　　　　　　　　　　　　　　喷涂图形

图 4-26　涂料分布测试

5．喷涂操作要领

（1）喷枪与工件表面的角度。喷枪与工件表面必须保持垂直，绝不可由手腕或手肘作弧形的摆动，如图 4-27 所示。

（2）喷枪嘴与工件表面的距离。正常的喷涂距离应与喷枪的气压、喷枪的扇面调整大小以及涂料的种类相配合。一般喷涂距离为 20cm 左右，如图 4-28 所示。

（3）喷枪的移动速度。喷枪的移动速度与涂料干燥速度、环境温度、涂料的黏度有关，以30～60 cm/s 匀速移动。喷枪移动过快，会导致涂层过薄；而喷枪移动过慢，会导致出现流挂的现象。

（4）喷涂压力。正确的喷涂气压与涂料的种类、稀释剂的种类、稀释后的黏度有关，一般调节气压 350～500kPa，或通过试喷而定。压力过低极有可能雾化不好，会使稀释剂挥发过慢，涂料像雨淋一样喷涂到工件的表面，容易出现"流泪""针孔""气泡"等现象。而压力过高极有可能过分蒸发，严重时形成所谓干喷现象。

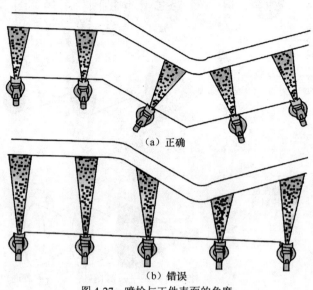

（a）正确

（b）错误

图 4-27　喷枪与工件表面的角度

（5）喷枪扳机的控制。扳机扣得越紧，液体流速越大。传统走枪，扳机总是扣死，而不是半扣。为了避免每次走枪行程将结束时所喷出的涂料堆积，有经验的漆工都要略放松一点扳机，以减少供漆量，如图 4-29 所示。

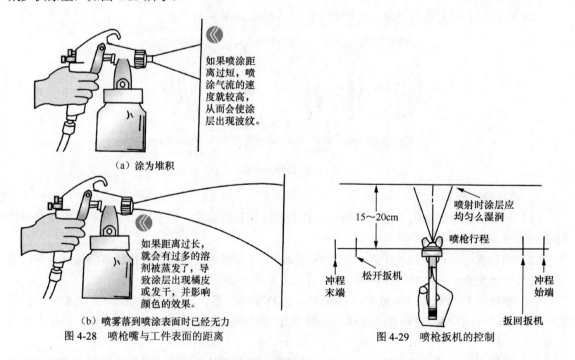

如果喷涂距离过短，喷涂气流的速度就较高，从而会使涂层出现波纹。

（a）涂为堆积

如果距离过长，就会有过多的溶剂被蒸发了，导致涂层出现橘皮或发干，并影响颜色的效果。

（b）喷雾落到喷涂表面时已经无力

图 4-28　喷枪嘴与工件表面的距离

喷射时涂层应均匀么湿润

15～20cm

喷枪行程

松开扳机

冲程末端

扳回扳机

冲程始端

图 4-29　喷枪扳机的控制

扣扳机的正确操作一般分四步：先从遮蔽纸上开始走，扣下扳机一半，仅放出空气；当走到喷涂表面的边缘时，完全扣下扳机，喷出涂料；当走到另一头时，松开扳机一半，涂料停止流出；反向喷涂前再往前移动几厘米，然后重复上述操作步骤。

（6）喷涂方法、路线的掌握。喷涂方法有纵行重叠法、横行重叠法、纵横交替喷涂法。喷涂路线应从高到低、从左到右、从上到下、先里后外进行。在行程终点关闭喷枪，喷枪第二次单方向移动的行程与第一次相反，喷嘴与第一次行程的边缘平齐，雾型的上半部与第一次雾型的下半部重叠，重叠幅度应第二层与上一层重叠 1/3 或 1/2，如图 4-30 所示。

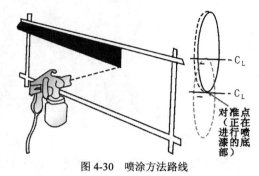

图 4-30 喷涂方法路线

6．底漆的干燥与打磨

（1）底漆的干燥。双组分底漆一般在自干的条件下要隔夜才干透，而在 60℃ 的温度下则 1 h 可完全干固；而快干环氧底漆在自干条件下 3～5 h 就能干透。

（2）底漆的打磨。底漆一般采用 600#～800# 水磨砂纸进行水磨，边打磨边给打磨表面添加水分。值得注意的是，打磨时的用力应稍轻些。

四、原子灰的施工与打磨方法

1．除旧漆除锈

底材表面没有缺陷的旧涂层处理方法：

一般情况下，钣金件没有生锈和其面漆的下面涂层基本没有损坏或只有很浅轻微划痕。所以只要将涂层表面用 400#～800# 号砂纸进行适当的打磨，磨掉已经氧化变差的一层，露出良好的底层即可。

表面没有缺陷的旧涂层处理方法：

一般情况下，表面经过钣金校正处理后或表面有较深的划痕却不需钣金校正处理的，这时可根据受损表面选择 180# 左右的砂纸打磨校正后的部位和较深的划痕即可。除旧漆除锈的方法很多，有手工打磨法、机械打磨法、喷砂法及化学法等。

现在汽车维修行业中用得最多的是手工打磨法、机械打磨法两种，下面我们详细讲解手工打磨法。

（1）手工打磨除旧漆除锈。

① 把需打磨车身用清水清洗干净。

② 根据工件表面选择不同粗糙度的砂纸，一般情况下，涂层未受损区域用 600#～1000# 的水砂纸；经过钣金校正部位则可用 240#～400# 的水砂纸打磨。

③ 手工湿打磨涂层未受损区域时，大拇指和小指夹着砂纸，手指并扰；打磨的方向应与手指垂直方向一致，如图 4-31 所示；打磨压力要适中，不宜过大，一直打磨到旧漆面出现均匀的亚光（即表面发白现象）。

④ 手工湿打磨钣金修复区域时的方法与第三步相同，但是砂纸要换成粗一点的，这样才能有效地打磨干净锈蚀以及污物。

⑤ 打磨好需修复表面后，用清水清洗干净，并用压缩空气吹干表面的水珠等待下一工序。

（2）机械打磨除旧漆除锈。

① 穿戴好安全劳保用品。

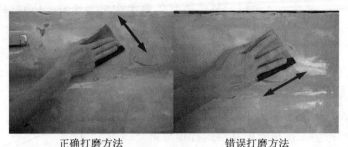

正确打磨方法　　　　　　　错误打磨方法

图 4-31　手工打磨法

② 戴好手套，然后轻轻地摸一遍待打磨表面，这有助于操作工人决定如何进行打磨。

③ 握紧打磨机，打开开关并将其以 5°～10°移向待加工表面。

④ 使打磨机向右移动，打磨机托盘左上方的 1/4 对准加工表面，如图 4-32 所示。

⑤ 当打磨机从右向左移动时，托盘右上方的 1/4 对准加工表面，如图 4-33 所示。

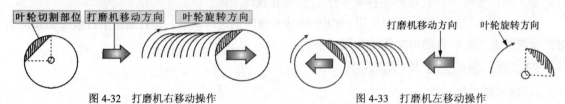

图 4-32　打磨机右移动操作　　　　　　　　图 4-33　打磨机左移动操作

⑥ 打磨较为平整的表面时的移动方式如图 4-34 所示。

⑦ 对于较小的凹穴处，应采用如图 4-35 所示的方法。

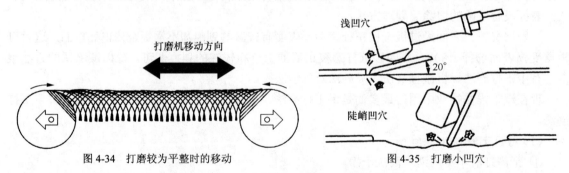

图 4-34　打磨较为平整时的移动　　　　　　图 4-35　打磨小凹穴

⑧ 在打磨过程中，要边打磨边检查被打磨表面的打磨情况。

⑨ 打磨工作结束后，用压缩空气吹干净表面的灰尘，并清洁工具设备。

2．原子灰的刮涂

（1）检查原子灰的覆盖面积。为了确定需要准备多少原子灰，需要对损坏的程度进行估计，但此时不能触及有关的区域，以防止在有关部位沾上油迹。

（2）原子灰的调和。

① 原子灰装在罐中的时候，其各种成分如溶剂、树脂及颜料分离。由于原子灰不可在这种分离状态下使用，故在取出罐子以前必须彻底搅拌。固化剂也是如此，充分挤压装固化剂的袋子，使固化剂在使用前充分搅拌。原子灰罐每次用后必须盖好，以防溶剂蒸发。如果溶剂蒸发了，则要向罐中倒入专用的溶剂。

② 将适量的原子灰基料放在混合板上，然后按规定的混合比添加一定量的固化剂。若固化剂过多，干燥后就会开裂；若固化剂过少，就难以固化干燥。

 注意　一次不要取出太多的原子灰调和，因为调和后的原子灰会很快固化，如果还没刮到指定部位即固化，则调和的原子灰便不能再用，从而造成浪费。原子灰在 20℃条件下，可以保持 5min 左右。

（3）刮原子灰的基本动作。

① 第一次刮原子灰时将灰刀竖起沿着钣件薄薄压挤，如图 4-36 所示。

② 第二次刮原子灰将灰刀倒斜 35°～45°重刮比需要量稍微多点，最初补于需要范围内，重叠时渐宽，如图 4-37 所示。

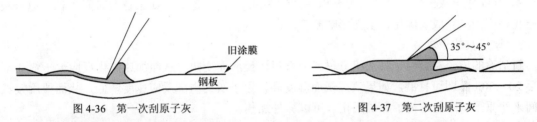

图 4-36　第一次刮原子灰　　　　　　　　　图 4-37　第二次刮原子灰

③ 最后灰刀成倒平状表面刮平同时原子灰周围刮薄。

④ 上一层原子灰半干（室温下通常干燥 15～20min，此时用手指尖刮原子灰，如果原子灰表面留下一条白色的划痕，说明干燥已达到要求）之后，再进行下一层刮涂。

⑤ 每刮一刀的往返刮涂次数不宜过多，尽量一下刮成或经过一个往返刮成以防影响刮涂质量。

（a）平面部分刮涂（见图 4-38）。

• 以压挤方法将涂布面全部刮满。

• 最终将原子灰外围部分刮薄与周围的涂膜段差缩小。

• 将第二所涂布之原子灰的 1/2～1/3 程度之原子灰量重刮，将原子灰与原子灰之间段差缩小，同时周围部分要刮薄。

• 重复第三步动作按表面需要量刮涂。

• 刮平涂布表面使其无原子灰间之段差。

（b）菱角线条原子灰刮涂（见图 4-39）。

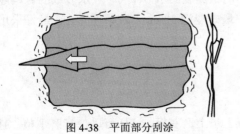 

图 4-38　平面部分刮涂　　　　　　　　　图 4-39　菱角线的刮涂

• 沿着菱角线贴美纹胶带单边刮涂原子灰。

- 待第一次刮涂的原子灰形成半干燥时，撕去胶带。
- 在第一次刮涂的原子灰上沿着菱角线贴胶带。
- 反方向刮涂原子灰。
- 半干燥后撕去胶带。

在向平面刮涂原子灰时，要注意以下事项。

① 如果灰刀在各道刮涂中，仅向一个方向移动，原子灰高点的中心就有所移动。这种情况很难打磨，所以刮刀在最后一道中必须反向移动，以便将原子灰高点移回中央。

② 原子灰必须比原来的表面高。但是，最好只略高一点，如果太高，在打磨过程中，就要花许多时间和力气来清除多余材料。

③ 原子灰刮在工件表面的范围，必须以在磨缘过程中所留下的打磨划痕为限。如果没有打磨划痕，原子灰就粘不牢。

④ 刮涂原子灰要快，必须在混合以后大约 3min 以内刮涂完。如果花费时间太长，原子灰就可能在该道刮涂完成前固化，从而影响施工。

3．原子灰的干燥

新刮涂的原子灰会由于其双组分材料混合后，反应而变热，从而加速固化反应。一般在刮涂以后 20～30min 即可打磨，如果气温低而湿度高，原子灰的内部反应速度降低，从而要用较长的时间来使原子灰固化。为了加快固化，可以另外加热。

在使用红外线烤灯来加热和干燥原子灰时，一定要将原子灰的表面温度控制在 50℃ 以下，而且烤灯与工件表面的距离一般控制在 50cm 左右，以防止原子灰分离或龟裂。如果表面热得不能触摸，则说明温度太高了。

涂层薄的地方温度往往比涂层厚的地方低。这种较低的温度会减慢涂层薄的地方的固化反应。因此，一定要检查涂层薄的部分，以确保原子灰固化状况良好。

4．原子灰的打磨

原子灰刮涂后，一般在室温下通常干燥 15～20min，此时用手指尖刮原子灰，如果原子灰表面留下一条白色的划痕，说明干燥已达到要求，此时可进行手工湿打磨。若采用机械干打磨则干燥时间长一些，要使其表面充分硬化后才能打磨。

按所使用用具的不同，原子灰打磨可分为手工打磨和机械打磨两种方法。按打磨时表面湿润状态的不同，原子灰打磨又可分为干磨和湿磨。目前在维修行业中用得比较广的是手工湿打磨和机械干打磨。以下分别介绍这两种打磨方法和操作要领。

（1）手工湿打磨。

① 根据打磨表面多余原子灰的多少，选择不同粗糙度的水砂纸（一般水砂纸的号码越大表面就越细，号码越小表面就越粗），将砂纸放入水中最好浸泡 30min。若条件允许，最好采用去离子水等较为纯净的水，以避免水中杂质划伤漆膜。

粗打磨：60#、150#、180#；

中打磨：240#、320#；

细打磨：600#、800#、1000#、2000#。

② 打磨面积稍大一点的部位时，需要在砂纸上垫上磨灰板，这样可以使打磨平整，避免产生凹凸。

③ 在打磨过程中，要边打磨边给打磨部位提供水分；而且还要边用手去感觉打磨平面的平整

度，如图 4-40 所示。

④ 若直接用手握住砂纸打磨时，用力应均匀适度，动作应协调，尽量保持用手掌进行打磨。当打磨面积较小时，可将手掌稍微抬起，将重量移到手指上，进行所谓的手指打磨。对于较为狭窄的部位，还可将手掌进一步抬高，将重量移于指尖上，用指尖进行打磨。打磨姿态以舒适、顺手为原则。砂纸的握持方法有以下 3 种。

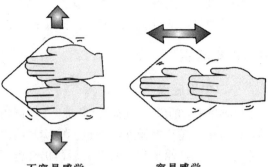

不容易感觉　　　　容易感觉
图 4-40　用手感觉平整度

（a）用拇指与食指夹在砂纸一边，再将手掌平放入打磨表面进行打磨。

（b）用小指与无名指夹在砂纸一边，再将手掌平放入打磨表面进行打磨。

（c）用拇指及小指夹住砂纸两边进行打磨。

⑤ 打磨完毕后，用清水清洗干净打磨表面。

（2）机械干打磨。

① 连接好干磨系统的气路及电源，打开电源及气路开关。

② 根据需打磨部位原子灰的多余量，选择不同型号的砂纸（一般粗打磨用 80#，中打磨用 120#、180#，细打磨用 240#、360#），把砂纸装在打磨机上。

③ 把打磨头轻贴在需打磨部位，再打开开关进行机械打磨，打磨过程中不需要给打磨机施加压力。

④ 打磨时，打磨头的工作面应与原子灰表面保持平行，打磨机的移动方向如图 4-41 所示。

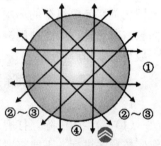

图 4-41　打磨机移动方向

（3）手工打磨修整。使用磨灰机大致形成平整表面之后，必须进行手工打磨修整，手工打磨修整使用手工打磨板较为方便，其大小应与打磨作业面积相适宜。手工打磨的移动方法和使用打磨机相同。

5. 砂纸痕及针孔的填补

打磨结束后，若发现有气孔和小的伤痕，应采用填眼灰填补，其方法与刮原子灰的方法相同。

气孔和伤痕的修补如图 4-42 所示，待其干燥后，干磨则采用 320# 砂纸；湿打磨则采用 600# 或 800# 砂纸。

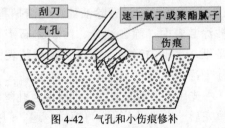

图 4-42　气孔和小伤痕修补

项目二　汽车车身喷涂技术

◆ 任务引入

发生碰撞损伤的车身做好原子灰层后，还要给车身喷中涂漆、打磨中涂漆、喷面漆、喷清漆，这才算基本完成喷涂。在喷涂过程中如果不注意还有可能会出现漆面缺陷；待漆面干燥后，应进行缺陷处理，才能得到完美的车身漆面。而且前一工序的质量将影响到整体质量，所以要控制好每一步的质量。下面给大家逐一讲解以上技术。

◆ 相关知识

一、中涂底漆

修补填平后的原子灰层，由于油灰干燥后的收缩，会在表面留下凹凸不平点，如图 4-43 所示。尽管经过手工精打磨操作，但也不能满足喷涂面漆的需要。另外，原子灰表面打磨后，仍会留下细小的划痕，也不适合直接喷涂面漆。此时一般需要喷涂中涂底漆。

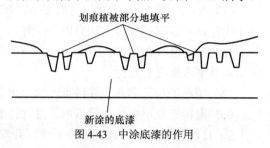

图 4-43 中涂底漆的作用

中涂底漆的主要作用：一是填补平整表面，二是防锈保护，三是防止面涂涂料溶剂浸透隔离，四是提高旧漆膜与原子灰或钢板面与面涂的附着力。

中涂底漆有单组分的苏灰士和双组分中涂漆两种，双组分中涂漆在喷涂时应以 2:1 的比例加入固化剂，而单组分的苏灰士则直接用稀释剂开稀后喷涂。苏灰士因施工时间短、干燥速度快、而被汽车修理厂广泛使用，双组分中涂漆做出的效果比苏灰士好，但施工时间长，干燥速度慢，一般少有修理厂使用。

二、面漆、清漆喷涂技术

1. 喷涂前的准备

（1）粉尘的清除。打磨工作结束以后，使用吹尘枪，用压缩空气彻底清除打磨粉尘。清除工作应按顺序进行，不能有遗漏。以全涂装为例，粉尘清除工作可以先从车顶开始，然后是发动机罩、行李厢盖等，接下来是车门和翼子板的间隙、行李厢盖和发动机罩的边缘等。

（2）遮蔽工作。用遮蔽纸及美纹胶对无需喷涂修补部位进行遮蔽。

（3）喷涂前进行除油处理。清扫和遮蔽结束后，用干净布沾上脱脂剂或用蓝孔除油布擦拭被涂装表面，除去油分、污物和石蜡等。在进行遮盖作业时，不管怎样注意，也难免有粘贴带纸，手上的污物等沾附到被涂装表面，用研磨膏打磨后也会留下粉屑和油，这些都必须清除干净。

先用干净布浸透脱脂剂或用蓝孔除油布，仔细无遗漏地擦拭被涂表面。可以一块一块地擦，擦完后一定要用干净布再擦拭一遍。门把手和滑槽附近、门的内侧和行李厢盖、发动机罩四周内侧应仔细清洁，去除石蜡和硅酸，挡风条和挡泥板的安装螺钉附近也要仔细清洁。操作时，一只手拿沾了脱脂剂的布，另一只手拿干布，交替进行，以提高速度。用蓝孔除油布可直接擦拭，使用比较方便，且对手不会有影响。

局部修补涂装时的晕色部位，要采用研磨膏或 1 000#～2 000# 砂纸湿打磨。

对于打磨的残留物，要用脱脂剂清除干净。脱脂剂不仅具有清洁表面的作用还具有提高附着力的作用。

打了蜡的旧涂膜在进行提高附着力的打磨时，往往因打滑而难以进行，此时也可以先用脱脂剂去掉蜡，再进行打磨。

（4）用粘尘布进行最后除尘（见图 4-44）。脱脂结束以后，再一次用压缩空气吹去残留的粉尘，最后用粘尘布擦去粘在涂层面上的线头和灰尘。最后一次用压缩空气吹拂时，对发动机罩的内侧、门的内侧、滑槽的角落应特别仔细地清除。如果清除不彻底，喷涂面漆时，喷沫的气压会将粉尘等带到涂层面上，无论喷涂得怎样好都无济于事。

（5）喷涂前的检查作业。在开始喷涂作业之前，下列工作一定要做：一是检查全车车身外表有无遮蔽遗漏之处；二是检查有无打磨作业和清扫未完备之处；三是检查喷枪和干燥设备有无异常。检查完毕之后，用肥皂清洗手上的油，穿上喷漆防护服，戴上供气式面罩；或戴上防护眼镜和滤芯面罩，再戴上无硅乳胶手套。

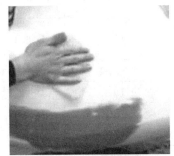

图 4-44　用粘尘布除尘

（6）涂料的准备。将调好色的涂料按所需要的量取出，按涂料生产商的规定比例调配。

（7）黏度调整及过滤。涂料黏度并非常量，随温度而发生变化。即同一种涂料，冬季比夏季显得稠。黏度越高的涂料，随温度而变化的特征越明显。因此，即使加入相同量的稀释剂，夏季的黏度为 13～14s，冬季的黏度就为 20s 左右。调配好的涂料难免混有灰尘和杂质，因此必须过滤之后才能使用。

2．面漆喷涂手法

面漆的喷涂操作与底漆的操作基本相同，只是喷涂的手法要求更加细腻一些，以获得良好的色彩光泽效果。

（1）中湿喷。喷幅的重叠幅度为 1/2。

（2）湿喷。喷幅的重叠幅度为 2/3。

（3）虚枪喷涂。在喷涂素色漆后，将大量溶剂或固体分调整得极低的涂料喷涂在面漆上的操作称为虚枪喷涂。在汽车修补中有两种类型的虚枪喷涂法。

① 在热塑性丙烯酸面漆上喷虚枪，用来在新喷的修补漆与原来的旧漆之间润色，使汽车表面经过修补后看不出痕迹。

② 在新喷涂的丙烯酸或醇酸磁漆上喷虚枪，用来提高其光泽，有时也用来在斑点修补时润色。

（4）雾化喷涂。俗称飞雾法喷涂，又叫飞漆，一般用于底色漆的施工。底色漆与素色漆喷涂方式方法大不相同。底色漆由于漆中有金属颗粒，有的为云母、珍珠等物制成，比重大，所以喷底色漆时一般用飞雾法像散花状喷涂，同虚枪喷涂有些相似。

3．面漆修补涂装的种类

面漆修补涂装分为全车修补涂装、整板修补涂装、局部修补涂装。下面介绍全车面漆修补涂装。

（1）面漆喷涂的一般注意事项。

涂装面漆时必须注意下列事项：首先是涂料不同其性质也会有差异，因此必须弄清楚涂料的特性再决定黏度、喷涂气压、喷枪运行速度；其次是要根据气温决定黏度，选择稀释剂；另外，要避免过度喷涂。

（2）素色漆的喷涂（见表 4-6），素色漆在喷涂前应加入固化剂和稀释剂，其比例是 2:1:0.5。

表 4-6　　　　　　　　　　　　　　　　　素色漆的喷涂

内容 ＼ 次数	第一次喷涂（中湿喷）	第二次喷涂（湿喷）	第三次喷涂（虚枪喷涂）
目的	预喷涂	形成涂膜层	表面色调和平整度的调整
涂料黏度	16～20s（20℃）	16～20s（20℃）	14～18s（0℃）
空气压力	250kPa	250kPa	250kPa
喷速直径	全开	全开	全开
喷涂流量	全开	全开	全开
喷枪距离	20cm	15～20cm	15～20cm
喷枪运行速度	快	适当	同第二次一样
要求	使车身整体喷上一层雾的感觉，薄薄地预喷一层。喷这一层的目的，一是提高涂料与旧漆的亲和力，同时查看有无排斥涂料的部位，如果有，就在该部位稍加大气压喷涂，以覆盖住涂料排斥部位	在该工序基本形成涂膜层，要达到一定的膜厚。该工序要注意尽可能喷厚一些，这是最终获得良好表面质量的基础，但同时要注意不能产生垂挂和流动，以此为标准	第二次喷涂已形成了一定膜厚，第三次喷涂的主要目的是调整涂膜色调，同时要形成光泽，此时要加入透明涂料。有时为调整色调，要加入干燥速度慢的稀释剂

素色漆一般喷涂三次，就能形成所需膜厚、光泽和色调。如果对色调还不满意，可将涂料稀释到 14s，再喷涂修正一次。

（3）底色漆的喷涂（见表 4-7），喷涂前加入稀释剂调稀即可喷涂。

表 4-7　　　　　　　　　　　　　　　　　底色漆的喷涂

内容 ＼ 次数	第一次喷涂（雾化喷涂）	第二次喷涂（中湿喷）	第三次喷涂（雾化喷涂）
目的	预喷涂（底色漆）	决定色调（底色漆）	消除斑纹（过渡层喷涂）
涂料黏度	14～16s（20℃）	14～16s（20℃）	11～13s（20℃）
空气压力	200kPa	200kPa	200kPa
喷速直径	全开	全开	全开
喷涂流量	全开	全开	1/2～2/3 开度
喷枪距离	20cm	15～20cm	15～25cm
喷枪运行速度	快	快	快
要求	以喷雾感沿车身表面整体薄薄喷洒，可提高涂料与底层或旧涂膜的亲和力，同时查看有无排斥涂料现象。如果出现了排斥现象，就在有排斥现象的部位提高喷射气压喷涂	喷涂决定涂膜颜色，喷涂时不必在意出现的喷涂斑纹和金属斑纹，单层喷涂，喷枪移动速度稍慢一点为好。丙烯酸聚氨酯涂料遮盖力较强，喷两次就行了，但有的色调需按第二次喷涂方法再喷一次	取金属闪光磁漆 50%，透明漆 50%相混合。第三次喷涂是修正第二次喷涂形成的喷涂斑纹和金属斑纹，目的是形成金属感，也有防止喷涂透明层时出现金属斑纹的作用

（4）罩面清漆的喷涂（见表4-8），罩面清漆喷涂前需加入固化剂和天那水，其比例是2:1:0.5。

表4-8 罩面清漆的喷涂

次数 内容	第四次喷涂（中湿喷）	第五次喷涂（湿喷）
目的	罩面清漆预喷涂	精加工喷涂（罩面清漆）
涂料黏度	12～14s（20℃）	11～13s（20℃）
空气压力	250kPa	250kPa
喷速直径	全开	全开
喷涂流量	全开	全开
喷枪距离	20cm	20cm
喷枪运行速度	稍快	普通或稍慢
要求	第四次透明层喷涂不能太厚，一次喷涂太厚会导致金属颗粒排列被打乱，所以要喷得薄	以第五次透明层的喷涂结束涂膜工作，要边观察涂膜平整度边仔细喷涂。如果采用快速移动喷枪，往返两次覆盖就能得到很理想的表面光泽。尤其是在车顶、行李厢盖、发动机罩等，覆盖两次为好

中间间隔时间：

在消除斑纹喷涂结束之后，要设置10～20min的中间间隔时间，使涂膜中的溶剂挥发。若用指尖轻轻触摸漆面，沾不上颜色，就可以进入罩面清漆喷涂。设置中间间隔时间，目的是使底色漆的溶剂尽可能挥发。

4．面漆层的干燥

在面漆喷完后，间隔10～20min，使涂膜中的溶剂挥发，以免出现涂膜的缺陷，再用烤漆房或红外线烤灯进行面漆的干燥，如图4-45所示。

图4-45 烤漆房和红外线烤灯

强制干燥结束后，要趁汽车车身还未冷却就揭去粘贴遮蔽纸的胶带，这样比较省力，因为冷却后胶带会变硬，以致难以揭掉。

若采用的是自然干燥方式，应在喷漆结束后15～20min再揭去胶带。如果是硝基类涂料，待涂膜干燥到能用手指触摸的程度，就可以揭去胶带；若待完全干燥后再揭，容易弄坏涂膜。

三、漆面缺陷的预防与处理

1．聚银（起云、斑点）

定义： 漆膜表面混浊无光（银粉聚于一团）（见图4-46）。

成因：

（1）不正确的喷漆黏度、喷涂方法、静止时间或喷房温度。

（2）不正确的喷枪喷嘴（口径）、喷涂压力。

（3）不合适的稀释剂。

图4-46　聚银

预防方法：

（1）利用黏度杯和调漆尺准确地调整喷涂黏度。

（2）喷涂时保持喷枪与喷涂表面平行。

（3）选用合适的喷枪与喷嘴（口径）。

（4）选用制造商推荐的稀释剂。

（5）依照制造商提供的技术资料所建议的施工方法。

补救方法： 在清漆干燥后加以打磨和重新喷涂。涂厚膜或清漆前，先涂上薄覆盖层。

2．颜色偏差，不相符

定义： 与既定色泽不相符（见图4-47）。

成因：

（1）喷涂方法不正确，太湿/太干/遮光度不足。

（2）不正确的喷枪喷嘴（口径）和喷涂压力。

（3）原有漆面风化。

（4）配色不准确，与原色颜色不一致。

图4-47　颜色偏差

预防方法：

（1）喷涂前一定要在样板上试验，确保配色准确。

（2）利用技术资料所建议的喷涂方法和接口喷涂方法。

（3）如果在配色上有困难，可采用"柔合"喷涂法。

补救方法： 打磨表面，将面漆颜色调校到较接近的色调，然后利用"柔合"法或"接驳口喷涂"法重新喷涂。将附近表面抛光清洁，以检查颜色。

3．颗粒（污垢和尘埃）

定义： 涂层表面有微粒突出（见图4-48）。

成因：

（1）车身表面在喷漆前没有经过适当的清洁。

（2）空气过滤网该更换了。

（3）喷漆房气压过低。

（4）喷漆工穿着不正确、不清洁的衣服。

预防方法：

（1）喷涂前须确定已使用清洁剂清洁车身及已经用粘尘布清洁车身表面。

（2）定期检查过滤网。

（3）穿着不带绒毛的工作服。

（4）确保喷漆房环境清洁。

补救方法：轻轻打磨和抛光受影响的部分。打磨整个喷涂部分，然后用除硅清洁剂加以清洁，最后重喷。

4．橘皮

定义：表面固化太快而不能流平（表面自我平整的运动）（见图4-49）。

图 4-49　橘皮

成因：

（1）不正确的喷涂压力或黏度、喷涂方法或施工温度。

（2）使用的硬化剂和稀释剂不适合喷漆房的环境。

（3）底材打磨不足。

（4）油漆没有搅匀。

预防方法：

（1）严格按照油漆技术资料所建议的混合及施工方法。

（2）正确地准备和打磨底材。

（3）避免在极高或极低温度和湿度下喷涂，同时应注意喷涂重叠、气压及距离。

补救方法：将表面打磨光滑，然后利用适合当时环境的硬化剂、稀释剂调节妥当，再重新喷涂。

5．针孔

定义：针刺状小孔，深及中间漆（见图4-50）。

图 4-50　针孔

成因：

（1）玻璃纤维底材。

（2）聚酯填充料（原子灰）混合不足。

（3）经打磨的表面仍留有溶剂泡。

（4）聚酯填充料（原子灰）打底不足。

预防方法：

（1）彻底混合聚酯填充料（原子灰）。

（2）不可打磨溶剂泡，或将问题漆膜完全清除。

（3）填充足够的聚酯填充料（原子灰）。

补救方法：清除有毛病的面漆。打磨后涂上聚酯填充料（原子灰）。喷涂上底漆后重新喷涂面漆。

6．溶剂泡（痱子、起热痱）

定义：漆面呈现小泡和泡痕（见图4-51）。

图 4-51　溶剂泡

成因：溶剂空气藏在漆膜内，其后逸出，留下泡痕，常见成因如下。

（1）漆膜喷涂过厚，使用太快干的硬化剂或稀释剂。

（2）喷枪喷嘴（口径）或喷涂黏度或喷涂气压不正确。

（3）加温干燥前静止时间不足或烤漆房气流不足。

预防方法：

（1）使用正确的喷涂黏度、喷涂气压、喷嘴口径。

（2）使用适当的硬化剂和稀释剂。

（3）给予足够的静止时间，定时检查烤房内的气压和湿度。

补救方法：烘干后打磨，在受影响的范围重新喷涂中间漆，打磨后再喷面漆。

7. 腻子痕迹（原子灰印）

定义：修整部分周围的面漆鼓起成环状（见图 4-52）。

成因：

（1）底材没有完全硬化，以致吸收了面漆。

（2）砂纸太粗，面漆使用了不合适的稀释剂。

（3）以原子灰或填眼灰修补的部分在喷涂面漆前没有经过正确的打底或封闭。

图 4-52　腻子痕迹

预防方法：

（1）打磨经修补的部分，直至金属层外露；在外露的油漆层边缘利用稀释剂进行溶剂试验，如油漆软化，则此漆层必须封隔。原子灰及填眼灰只可用于外露的金属上，不可覆盖在原有漆面上。

（2）选用合适的砂纸；确定所有预备材料都已完全干燥。

补救方法：修补材料干透后，磨平损伤的部分，再以打底材料进行隔离，然后重新喷涂。

8. 起泡

定义：表面有一些圆点凸起（见图 4-53）。

成因：

（1）指模印下的乳头状线，喷涂前底材没有充分干透或清洁。

（2）底材的气孔/针孔在喷涂前没有经过打磨或填平。

（3）喷涂过程中没有将聚酯材料适当隔离。

（4）喷涂时温度变化不定，以致产生缩聚（收缩）作用。

图 4-53　起泡

预防方法：

（1）确定所有预备材料都已恰当地干透。

（2）用除硅清洁剂小心清洁底材。

（3）喷涂面漆前须隔离聚酯材料。

（4）小心打磨针孔，或重新施喷原子灰/填眼灰/中间漆。

补救方法：打磨有毛病的范围，然后重新喷涂。

9. 中间漆凹陷

定义：边缘凸起近似火山口状凹陷（见图 4-54）。

成因：

（1）没有用除硅清洁剂充分清洁底材。

（2）空气供应受到油或水的污染。

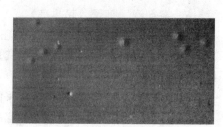

图 4-54　中间漆凹陷

预防方法：使用除硅清洁剂彻底清洁底材，确保进气管得到定时维修。

补救方法：待中间漆干燥后，磨去凹陷。清洁整个范围，然后重新喷涂中间漆。

10．打磨划痕（砂纸痕）

定义：边缘胀起有刮痕（见图4-55）。

成因：

（1）打磨金属表面或原子灰的砂纸太粗，造成的沟痕和划痕透过面漆显现出来。

（2）中间漆在打磨前没有干透或过于柔软。

（3）面漆喷涂前，打底或隔绝工作做得不足。

图4-55　打磨划痕

预防方法：

（1）使用制造商建议的砂纸型号打磨特定的底材。

（2）打磨前须让打底材料彻底硬化。

（3）喷涂正常厚度的中间漆及面漆。

补救方法：对受影响的范围彻底打磨，然后重新喷涂。

11．原子灰渗出过氧化物（发红/现红）

定义：填平车身的填充灰（原子灰）渗出过氧化物（见图4-56）。

成因：

（1）聚酯填充灰（原子灰）使用太多过氧化物硬化剂。

（2）混合不足。

预防方法：

（1）使用制造商建议分量的硬化剂。

（2）以量重方式或使用硬化剂分配器量度硬化剂的分量。

（3）彻底混合。

图4-56　原子灰渗出过氧化物

补救方法：打磨受影响的范围，用喷涂原子灰隔绝，然后再喷涂。

12．失光/褪色

定义：漆膜因时间流逝或质量问题而失去光泽或发生褪色（见图4-57）。

成因：

（1）面漆下涂层填充性和封闭性不好，会吸收涂料，从而造成失光。

（2）涂膜还没有干透时就使用抛光剂。

（3）涂膜的稳定性差。

（4）使用过量或不合适的稀释剂。

图4-57　失光/褪色

预防方法：

（1）避免长时间于烈日下暴晒。

（2）选用配套的稀释剂，避免添加过量稀释剂，或改用双组份油漆。

补救方法：

（1）失光，可尝试使用抛光打蜡的方法重拾光泽。

（2）褪色，必须打磨后重新喷涂漆面。

13．流挂（滴流及重流）

定义：油漆在车身垂直流下（见图 4-58）。

成因：

（1）不正确的喷涂黏度，喷涂方法，道层间的静止时间、漆膜厚度。

（2）喷嘴口径或喷涂气压不正确。

（3）油漆、底材或喷漆房的温度过低，选用不正确的硬化剂和稀释剂。

图 4-58　流挂

预防方法：

（1）依照技术资料所建议的施工方法；确定喷枪操作良好。

（2）将喷涂工件和油漆升温到 20℃ 室温；注意喷涂重叠、气压及远近。

补救方法：面漆彻底硬化后，利用砂纸打磨及棉纱团和抛光材料清除淌流及垂流，必要时打磨后重新喷涂。

14．缩珠（缩孔、鱼眼、陷穴、走珠）

定义：出现有火山口、边缘凸起的凹陷点（见图 4-59）。

成因：

（1）车身表面在喷涂前受到油、蜡、油脂或有机硅的污染。

（2）喷涂使用的空气受到污染。

（3）烘烤时的空气使用了含有有机硅内用清洁剂的抛光剂或气溶胶喷剂。

（4）清洁不足。

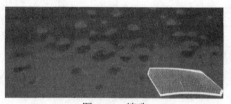

图 4-59　缩珠

预防方法：

（1）修整前用除硅清洁剂或表面清洁剂清洁车身表面。

（2）定期维修进气管上的油水分离器。

补救方法：如果陷穴不多而且体积小，可用抛光法清除；严重的必须彻底打磨重喷。

15．抛光印（蜡印）

定义：不同大小的抛光圆印，特征为光泽减退，或是抛光不足时漆面留下的印迹（见图 4-60）。

成因：

（1）在面漆未干透前抛光；使用的砂纸或抛光蜡性质太粗。

（2）漆面抛光不足，以致抛光时留下较粗的蜡痕。

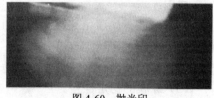

图 4-60　抛光印

预防方法：

（1）抛光前检查面漆是否完全干透。

（2）使用制造商建议用于特定面漆的抛光蜡和抛光设备。

（3）抛光有凸起部分的漆面时要小心。

补救方法：确定面漆已经干透后再抛光，如受影响部分仍明显地显现蜡痕，须打磨后重喷。

16．失光/消光/龟裂

定义：面漆失去光泽及产生不规则裂痕（见图 4-61）。

成因：

（1）如旧漆层没有处理错误，则与受大气污染和风化引起的侵蚀有关。

（2）新油漆涂层失去光泽/龟裂的原因可能是：

① 喷涂时湿度过高。

② 底材对溶剂敏感或打底填料没有干透。

③ 底材没有干透。

（3）硬化剂混合不正确或受污染而没有发生化学反应。

（4）不合适的稀释剂；面漆太薄。

图 4-61　失去光泽

预防方法：

（1）定时护理面漆，有助于提高其抵抗性和保持其光泽。

（2）依照技术资料建议进行施涂；喷涂前须确定底材干透。

（3）使用后盖紧固化剂。

补救方法： 失光可轻磨或抛光；消光和龟裂须重喷。

17．透色

定义： 原车漆渗透出新喷漆面的颜色，面漆变色或透色（见图 4-62）。

成因：

（1）原漆的颜料与上面漆的稀料发生反应与溶解。

（2）污染，重喷漆前通常有可溶染料或颜料在旧漆上。

（3）旧漆没有很好地封住。

（4）聚酯腻子、使用了太多的固化剂。

图 4-62　透色

预防方法：

（1）如果预计有可能发生透色，则先在旧漆上喷一小块新漆进行试验，如果确实发生透色则喷涂封底漆进行隔绝。

（2）调制聚酯腻子，请使用推荐数量的固化剂。

补救方法： 打磨，用封底漆隔绝原漆，然后重喷。

四、底盘装甲

"底盘装甲"是近几年底盘防锈护理的新项目，如图 4-63 所示。是在汽车底盘的下面喷涂一层 2～4mm 厚的弹性密封材料，犹如给车的底盘穿上一层厚厚的铠甲。底盘装甲是对这一技术的形象描述。底盘装甲可以有效防护路面砂石对底盘的击打，防止轻微的拖底摩擦；预防酸、碱、盐对底盘铁板的腐蚀；防止底盘螺丝的松脱；降低行驶时噪声的传导，增加驾驶宁静感；阻止底盘铁板热传导，使驾驶室内冬暖夏凉。

图 4-63　底盘装甲

1．功能特点

（1）底盘防腐蚀。汽车的锈蚀均从底板开始，每次洗车污水会残留在底部，长久下去就会形成潜在的腐蚀因素，对爱车造成伤害。对汽车底部进行养护后，即便是酸雨、溶雪剂、洗车碱水都无法侵蚀透这层防护膜。

（2）防石击。车辆在行驶的过程中，会溅起小石子，石子冲击底板的力量与车速成正比，一般 10g 的小石子在时速达 80km 时冲击力会达到自身重量的 30 000 倍，也就相当于用石头碰鸡蛋。足以击破 30μm 以下的漆膜，漆膜一旦被击破，锈蚀便从此点开始并从铁板内部缓慢扩大。

（3）防震。发动机、车轮均固定在汽车底板上，它们的震动在某一频率上会与底板发生共鸣，使人产生不舒适的感觉，底部防护会消除这种共鸣。

（4）隔热省油。进入夏季，打开车内空调，冷气向下沉，而车外的地面热气向上升，冷热空气大多集中在车辆的底板上进行交换，车辆底部防护效果直接决定着车辆制冷能量利用的效果。

（5）隔音降噪。车辆行驶在快速路上，车轮与路面的摩擦声与速度成正比，车辆具有完好的底部防护能大大降低车内的噪声。

（6）防拖底。底部养护材料的厚度可达 1.5～2.5 mm，当底部被路面凸起剐蹭时，将减轻对底盘的伤害；特别是在高速公路上时，路面摩擦很大，声音也很吵，底盘使噪声变得很小，而且暖风由于隔热效果好，即使关闭仍能在较长时间内保持温度。

（7）省维修成本，汽车保值。因为底盘支撑着汽车四大系统，保护底盘等于保护了上面的各个系统，节省了为此而产生的一系列维修费用。

2．底盘装甲的种类

（1）含沥青成分的底盘防锈胶。这是第一代底盘装甲产品，目前已被市场淘汰。

（2）油性（溶剂性）底盘防锈胶。这是第二代底盘装甲产品，其中的稀释剂多为甲苯，是对人体有害的剧毒成分。施工后形成的胶层很硬，容易开裂，隔音效果也很一般。

（3）水溶性底盘防锈胶。又称环保型底盘防锈胶，现时在欧美国家大多选用这类产品。水溶性底盘防锈胶附着力强、胶层弹性较好、底盘隔音效果显著，是做底盘装甲的首选材料。

3．底盘装甲施工部位

（1）施工部位：底盘钢板、轮弧、翼子板内侧、油箱外壳等易生锈部件。

（2）不可施工部位：水箱、空调冷凝器、发动机、减振器、排气管、弹簧、车身等部位。

4．做底盘装甲的注意事项

（1）一定要去有专门施工车间和专业施工技术人员的正规店面，装甲完成后，一定不要忘了向施工店索取底盘防锈施工质量保证证书，以维护自己的正当权益。正规的店面一般都承诺 1～3 年的质保，在此期间因为拖底等原因造成的损耗还可以免费修复。

（2）避免在阴雨天气状况下施工，因为这样不利于涂料的及时干燥，往往会直接影响底盘装甲的实际效果。

（3）底盘装甲施工完毕后，1 天左右最好不要到路况较差的地方行驶，因为此时涂料尚未充分干燥，还未达到完全固化的效果。

◆ 任务实施

一、中涂底漆的喷涂与打磨工艺流程

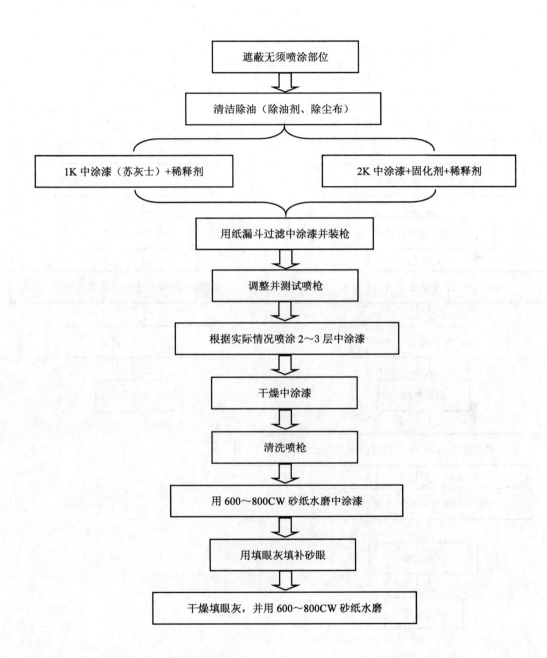

遮蔽无须喷涂部位

↓

清洁除油（除油剂、除尘布）

1K 中涂漆（苏灰士）+稀释剂 2K 中涂漆+固化剂+稀释剂

↓

用纸漏斗过滤中涂漆并装枪

↓

调整并测试喷枪

↓

根据实际情况喷涂 2～3 层中涂漆

↓

干燥中涂漆

↓

清洗喷枪

↓

用 600～800CW 砂纸水磨中涂漆

↓

用填眼灰填补砂眼

↓

干燥填眼灰，并用 600～800CW 砂纸水磨

二、面漆、清漆的喷涂工艺流程

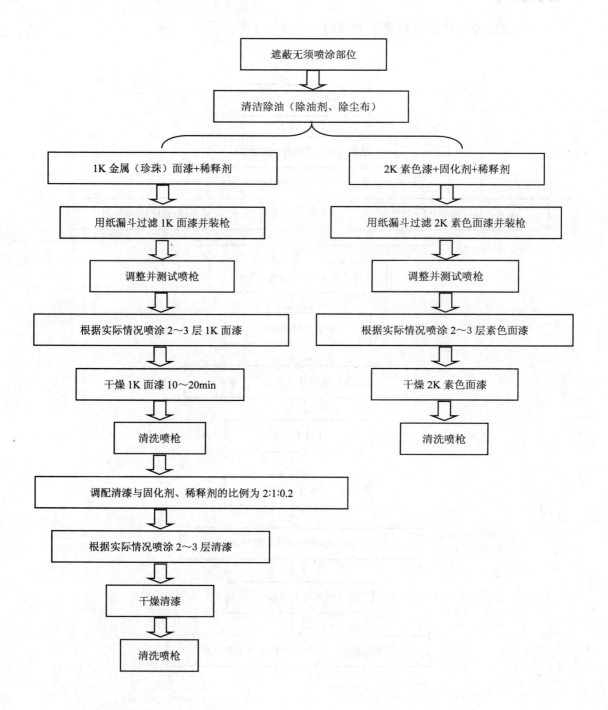

三、局部修补喷涂工艺流程

1. 素色漆的局部修补涂装

以小车前翼子板为例（见图 4-64），将翼子板分为 4 个区域，A 区域为修补区域，底漆干固后进行打磨。

（1）对 A 区域用 600#的水砂纸打磨处理。

（2）再扩展到 B 区域。

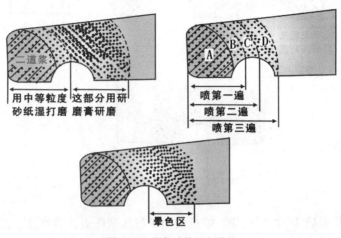

图 4-64　素色漆的局部修补

（3）再用 2000#砂纸打磨 C、D 区域，直至消去漆面的光亮度，磨成亚光为止。

（4）清洁后用除油剂或者除油布去除油脂至整个面板。

（5）用粘尘布去除灰尘。

（6）将调好颜色的涂料，按涂料生产商的规定比例配好，装入喷枪壶，并调整喷枪喷涂压力约为 250kPa，雾束约 10cm，涂料流量 1/3 开度。

（7）先薄薄喷涂一层 A 区，再喷涂扩展到 B 区，直到全部覆盖。

（8）将剩下的涂料进行稀释，一般的调配比例为 1:1。再薄薄喷涂 C 区 1 层或 2 层，喷枪的喷涂气压、涂料流量也相应地调小一些，在 D 区作过渡处理。

（9）在 D 区喷涂驳口水，把过喷漆雾溶解喷涂一薄层，挥发 15s 左右，再喷涂最后一薄层。

（10）烤干冷却后，抛光打蜡。

2．底色漆的局部涂装

在准备好底色漆和罩面清漆后，先将调好色的底色漆和罩面清漆按照涂料生产商的调配比例各自调配好，完成上述准备工作之后，就可以开始喷涂，如图 4-65 所示。

以小车翼子板为例，将翼子板分为 4 个区域，A 区域为修补区域，底漆干固后进行打磨。

（1）对 A 区域用 600#砂纸打磨处理。

（2）再扩展到 B 区域。

（3）用 2000#砂纸打磨 C 区和 D 区直到漆面的亮度清除。

（4）清洁后用除油剂或者蓝孔除油布去除油脂至整个面板。

（5）用粘尘布去除灰尘。

（6）将调好的底色漆和罩面清漆按涂料生产商的规定比例配好，过滤后装在喷枪壶并调整喷枪（喷涂压力约 200kPa，雾束 10cm，涂料流量 1/3 开度）。

（7）在 A 区分多次喷涂薄层，每层挥发 5min 左右，慢慢地扩到 B 区，直到全部遮盖。

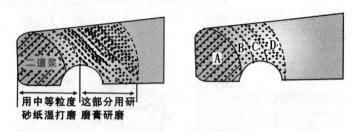

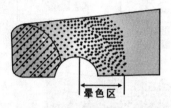

图 4-65　底色漆的局部修补

（8）在 C 区域作最后 1～2 层喷涂。喷枪的喷涂气压调低点，将喷涂距离拉远点，进行飞驳口处理。

（9）挥发 10～20min，用粘尘布除去飞漆及灰尘。

（10）喷涂两层罩面清漆覆盖底色漆，第二层扩展到 D 区。

（11）对剩下的罩面清漆进行稀释，一般的调配比例为 1:1。

（12）喷涂 1～2 层，覆盖在 D 区域喷涂界线上。

（13）喷涂驳口水来溶解 D 区域喷涂界线上至外的过多漆雾，喷涂一薄层，挥发 20s 左右，喷最后一薄层。

四、汽车底盘防护喷涂施工步骤

（1）彻底清洗底盘和欲喷涂保护的部位。需喷涂部件如有浮渣、锈迹应铲除、砂光，达到无尘、无水、无油、无蜡迹。

（2）用举升机将车辆提升至比操作者高半米左右的高度，并用汽车防护罩将整车罩起来，防止喷涂时污染车身。

（3）拆除汽车的前后 4 个车轮，防止喷涂时污染车轮。

（4）用报纸将车轮制动器包裹起来，并且扎牢。

（5）用报纸将减振器、转向节等有相对运动的接合表面以及排气管、消音器等不能喷涂的部位包裹起来，并且扎牢。

（6）充分摇动喷涂防护材料 2min，打开罐盖（有些品牌的原料须掺兑使用，应按说明书掺入适量稀释剂），插入底盘喷涂防护专用喷枪，连接 600～800kPa 压缩空气，在距离喷涂表面 25～50cm 处以由前往后的顺序均匀喷涂，为防止流痕和松垂，一次不能喷太厚，如图 4-66 所示。

（7）晾 10～15min 后，用手指触摸感觉不粘手时喷第二层，共喷 3 层，厚度达 3mm 以上。喷涂防护材料要过 12h 才会完全干透，干透后触摸不粘手、按下不变软方可去除包裹材料，并按原样装好车轮，完成施工。

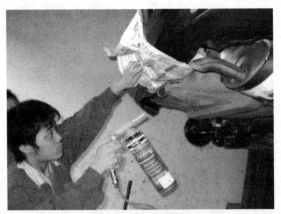

图 4-66 底盘防护喷涂

课题五 5 汽车美容

◆ 任务引入

　　情境1：张某驾驶一辆丰田卡罗拉小轿车去上班，到单位后把车停放在路边，结果被人划了一条轻微的划痕。下班后张某看到自己的爱车被划伤后就开到附近的一家汽车美容店。美容店的师傅说要进行抛光才能处理掉划痕，还说车身漆面的其他地方已经失去光泽，最好进行全车抛光处理。假如把该工作交给你来做，你能否胜任呢？学习了本课题的内容相信你一定可以做好的。

　　情境2：王某驾驶一辆东风日产颐达小轿车来到你所在的汽车美容店。假如交给你来做内外清洁，你能否把它洗干净呢？学习了本任务的内容相信你一定可以做好的。

　　情境3：一到下雨天过后或者节假日前夕，汽车美容店的生意就特别火爆，很多车前来进行打蜡、清洗护理作业。汽车美容店的师傅都忙不过来，假如你来护理，你能否把它们护理好呢？学习了本任务的内容相信你一定可以做好的。

◆ 相关知识

　　汽车一下生产线后，就经常受到雨水、砂石的侵蚀或因洗车等产生的划痕，这些划痕将影响车身的美观性，但可以采用一定的处理方法来恢复其容貌。

一、汽车漆面损伤的护理

　　1. 汽车漆膜划痕产生的原因

　　汽车漆膜划痕是漆膜表面出现的线条痕迹。其产生的原因有：

　　（1）擦洗不当。汽车在擦洗中，若清洗剂、水或洗车毛巾中有硬质颗粒，都会使漆膜产生划痕。

　　（2）护理不当。在给漆膜抛光时，若选择的抛光头粒度较大，抛光用力较重或抛光失手，都会在漆膜表面留下不同程度的划痕；在打蜡时，如蜡的品种选择错误，误把沙蜡用在新车上，也会打出一圈圈的划痕。

　　（3）剐擦。汽车在行驶中与其他汽车发生剐擦，与路边树枝发生剐擦，以及在暴风、沙尘天气与"飞沙走石"发生剐擦都会造成漆面划痕。

　　2. 汽车漆膜划痕的类型

　　汽车漆膜划痕可以分为如图5-1所示五种。

　　（1）发丝划痕。洗车、擦车或轻微摩擦而产生的细划痕，未穿透透明漆层，一般凭手摸觉察不出划痕处。

　　（2）微度划痕。比发丝划痕要深，但未穿透色彩漆层。

　　（3）中度划痕。可见底漆，但未划破底漆层（需喷漆）。

　　（4）深度划痕。可见电解漆，但未见金属（需喷漆）。

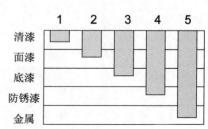

图 5-1　漆面划痕类型

（5）创伤划痕。金属受到严重损伤的划痕（需喷漆）。

3. 汽车漆膜斑点的种类

汽车漆膜斑点是漆膜表面出现的异色斑状污点，它不仅会影响到汽车美观，而且会腐蚀漆膜。当发现汽车漆膜出现斑点时应及时清除，否则斑点逐渐向深层渗透，将增加处理的难度。

（1）按照斑点产生的原因不同可分为污斑、雨斑、霉斑、锈斑。

（2）按照斑点产生的渗透深度不同可分为轻微斑点、表层斑点、深层斑点。

4. 汽车漆膜研磨与抛光

漆膜研磨是通过研磨或抛光机，并配合研磨剂在车身漆膜上高速旋转产生摩擦，以去除漆膜氧化层、轻微划痕等缺陷所进行的作业。漆膜抛光是紧接着研磨的第二道工序，漆膜表面经研磨后会留下细微的打磨痕迹，漆膜抛光就是去除这些痕迹所进行的作业。

（1）漆膜研磨剂的种类。漆膜研磨剂是一种含有摩擦材料的研磨用品，其分类如下：

① 研磨剂按使用范围不同分为普通型研磨剂和透明漆研磨剂。

普通型研磨剂中作为摩擦材料的一般都是坚固的浮岩。根据浮岩颗粒的大小，分为深切、中切、微切三类，主要是用于治理普通漆不同程度的氧化、划痕、褪色等漆膜缺陷。坚硬浮岩如用在透明漆上很快就会把透明层打掉，因此不适用于透明漆的研磨。

透明漆研磨剂中的摩擦材料为微晶体颗粒和合成磨料，它们具有一定的切割功能，但不像浮岩那样坚硬。

② 研磨剂根据切割方式不同可分为物理切割方式的研磨剂、化学切割方式的研磨剂和多种切割方式的研磨剂。

物理切割方式的有浮岩型和陶土型两种。这种研磨剂的特点是材料坚硬，切割速度快，利用颗粒与漆层摩擦产生高热，去除表面的瑕疵。但操作过程中颗粒体积不会因切割的速度和力度而发生变化，如操作人员对漆膜厚度不了解、手法不熟练则很容易磨穿漆层，所以只适合操作十分熟练的专业人员使用。

化学切割方式的有微晶体型。这种研磨剂的特点是可通过摩擦产生的热量逐步化解微晶体颗粒，使其体积在操作过程中逐步变小，产生极热高温而去除氧化层，同时溶解表面漆层凸出的部分，填平凹处的针眼。

多种切割方式的主要是中性研磨剂。这种研磨剂是市场上最佳的漆膜护理研磨材料，内含陶土及微晶体两种切割材料，适合各类汽车漆膜，便于操作、速度快、研磨力度小。它既具有物理切割作用，又具有化学溶解填补功能，利用两种材料与漆层摩擦产生热量，去除氧化层，同时可迅速溶解漆层凸点，填平凹处而达到双重效果，以达到符合抛光要求的表面基材。

（2）漆面抛光剂的种类。抛光剂其实也是一种研磨剂，是一种含颗粒更细的摩擦材料的研磨剂。抛光剂摩擦材料颗粒或功效的大小分为微抛、中抛和深抛三种。微抛是用于去除极细微的漆膜损伤，一般指刚刚发生的环境污染及酸性侵蚀，但这类轻微损伤目前可使用含抛光剂的蜡来取代微抛。从这一点上讲，微抛存在的意义并不是很大。中抛和深抛主要是用来处理不同程度的发丝划痕。中抛主要适用于对透明漆的抛光，深抛主要适用于对普通漆的抛光。

（3）正确选用研磨剂、抛光剂。

① 注意漆膜种类：风干漆与烤漆表面都可作研磨（抛光）处理，但其所用的研磨（抛光）用品是不一样的。因为这类漆本身所含溶剂不同，用错会造成漆膜变软、裂口及变色。纯色漆与金属漆所使用的研磨（抛光）用品也应区分清楚。金属漆所专用的研磨（抛光）用品不但能增加漆

膜亮质，而且能使金属（或珍珠）的闪光效果更清澈、更富立体感。

② 注意漆膜颜色：浅色漆与深色漆所用的研磨（抛光）用品不能混用。浅色漆若用了深色漆的研磨（抛光）用品会使漆膜变深，出现花脸；反之，漆膜颜色会变淡，出现雾影，严重影响外观。

③ 分清研磨剂与抛光剂：研磨时先用研磨剂，然后再用抛光剂进行抛光。如果颠倒使用，不但会浪费抛光剂，而且达不到应有的研磨效果。

④ 分清机器用品与手工用品：机器用研磨（抛光）用品必须配合专用研磨/抛光机使用；手工用品则是用棉布直接手涂研磨（抛光）。机器用品用手工操作费工费时，且效果极差；手工用品用机器操作则浪费严重。

⑤ 分清漆膜镜面处理剂与保护增光剂：镜面处理剂是对漆膜进行增光处理的专用剂，其保护作用不如保护增光剂；保护增光剂含有许多成分，可在漆膜上形成一层保护膜，抵御外界紫外线、酸雨、静电粉尘、水渍等的侵害。

⑥ 分清含硅产品与不含硅产品：含硅产品指含有硅氧烷的产品，硅氧烷是一种硅化的合成树脂，加到研磨材料中会起到抗水、抗高温和增光的作用，能较好地防止漆膜氧化。但如果硅氧树脂未清洗干净或空气中有些物质飘落，喷漆时就会出现浮漆（漆粘不上车体）或漆露。为此，含硅氧烷的产品主要适合汽车护理人员使用，而汽车漆工最好使用不含硅氧烷的产品。

（4）研磨/抛光机。

研磨/抛光机是一种集研磨和抛光于一体的设备，研磨/抛光机主要由机体、电动机、托盘、手柄、开关及配套装置组成。安装研磨盘可进行研磨作业，安装抛光盘可进行抛光作业。其工作原理是：研磨/抛光机上的电动机带动研磨（或抛光）盘高速旋转，由于海绵（或羊毛）和研磨（或抛光）剂的共同作用，在漆膜表面产生摩擦，从而达到清除漆膜污染、浅划痕和氧化层的目的，并提高光亮度。

研磨/抛光机按功能可分为双功能型和单功能型两种；按转速是否可调可分为调速研磨/抛光机和定速研磨/抛光机。

二、汽车漆面开蜡、打蜡

1. 新车开蜡

汽车生产厂家为防止新车在储运过程中漆膜受损，都喷涂有封漆蜡，尤其是进口车。国外轿车在出口时都在汽车外表涂有保护性的封漆蜡以抵御远洋运输途中海水对漆膜的侵蚀。因为封漆蜡极厚，并且十分坚硬，所以还可以防止大型双层托运车运输途中树枝或强力风沙的剐蹭及抽打。封漆蜡主要含有复合性石蜡、硅油、PTFE 树脂等材料，能对车表面起到长达一年的保护作用。封漆蜡不同于上光蜡，该蜡没有光泽，严重影响汽车美观。另外，汽车在使用中封漆蜡易黏附灰尘，且不易清洗。因此，购车后必须将封漆蜡清除掉，同时涂上新车保护蜡。清除新车的封蜡称为"开蜡"。

（1）封蜡的类型。不同的封蜡在开蜡时应选用不同的开蜡用品，开蜡操作前必须正确判断封蜡的类型。目前，汽车生产厂家常用的保护性封蜡主要有以下几种。

① 油脂封蜡：该蜡喷涂于漆膜表面可形成半透明状极硬的保护层，即使碱性极高的海水飞溅于涂有封蜡的车体表面，也不能对其造成任何损坏，并可防止大型双层托运车在途中遇到树枝或其他人为造成的轻微损伤，保证新车在出厂后一年内不受其他有害物质的侵蚀。此蜡多用于长途

海运的进出口汽车。

② 树脂封蜡：该蜡喷涂于漆膜表面可形成亚透明状硬质的保护层，能防止运输新车过程中人为轻微剐蹭所造成的划痕，可为车身提供一年以上良好的硬质保护。但此蜡无法抵御海水的侵蚀，所以不能在海洋运输中为汽车提供防止碱性物质侵蚀的保护层，主要用于本国短途运输的汽车。

③ 硅油保护蜡：该蜡喷涂于漆膜表面可形成透明状的保护层，能有效防止阳光紫外线、酸碱气体、树枝、风沙等一般的侵害。但对于海水或运输新车过程中所造成的剐蹭起不到很好的保护作用，主要为新车出厂时提供短期的保护。

2．打蜡

打蜡是在漆膜表面涂上一层蜡质保护层，并将蜡抛光出光泽的护理作业。汽车在行驶过程中，空气中的尘埃与车身金属表面会相互摩擦产生静电，而车蜡可隔断这种摩擦。通过打蜡，在漆膜表面形成一层保护膜，不仅有效地防止车身表面静电的产生，还可大大降低带电尘埃在车表的附着，有效隔离外部环境对漆膜的不良影响；同时，漆膜打蜡对增加漆膜光泽、防止腐蚀性物质的侵蚀、降低紫外线和高温对漆膜的侵害、防止和减缓漆膜老化都具有重要作用。因此，对汽车定期进行打蜡处理是非常必要的。

3．汽车蜡的作用

（1）隔离作用。

（2）美观作用。

（3）抗高温作用。

（4）防紫外线作用。

（5）防静电作用。

4．汽车蜡的选用

（1）根据不同的车辆选择。高级车应选用高档汽车蜡；进口轿车最好选用进口汽车蜡；普通车辆选用普通的珍珠色和金属漆系列汽车蜡即可。

（2）根据车的颜色选择。白色、黄色和银色等颜色的车身应选用浅色系列的汽车蜡；红色、黑色和深蓝色等颜色的车身应选用深色系列的汽车蜡，以掩盖车身表面的细小划痕，使车身显得更加光滑、漂亮。

（3）根据运行环境选择。沿海地区应选用防盐雾功能较强的汽车蜡；化学工业区应选用防酸较强的汽车蜡；多雨地区应选用防水性能优良的汽车蜡；夏天应选用防紫外线、抗高温性能优良的汽车蜡；行驶环境较差应选用保护作用突出的树脂汽车蜡。

（4）根据操作条件选择。如果有时间想多花一些工夫打出光泽，则可以选用固体蜡；如果想既省时又省力，则可选用喷雾蜡，可以边喷边打亮，同时能够去除车身表面污垢；如果觉得固体蜡使用不方便，又嫌喷雾蜡的光泽不佳，则可选用半固态蜡或液体蜡。

三、汽车内外装饰件的清洁护理

1．汽车清洗方法

汽车清洗方法有人工洗车、高压清洗机洗车、电脑清洗设备洗车及无水洗车等种类。人工洗车一般无专用设备，主要适用于驾驶员对汽车进行洗涤；高压清洗机洗车所用的设备主要有高压清洗机，适用于小型汽车美容及洗车店对汽车进行清洗；电脑清洗设备洗车采用电脑自动控制设备，适用于大、中型汽车美容及洗车店对汽车进行清洗；无水洗车是采用无水洗车用品对汽车进行清洗，是一种高效节水的洗车方法。

2．冷水高压清洗机的基本结构与使用方法

用冷水高压清洗机清洗的质量较好、设备投资少，但清洗时间长、耗水量大，属半机械化清洗。

（1）基本结构。冷水高压清洗机主要由电动机、水泵、高压管、低压管、喷枪等组成，如图 5-2 所示。电动机通过 V 形皮带带动离心水泵。水泵由壳体、叶轮及进、出水口组成。水泵出水口经高压管与喷枪相连，喷枪由枪体、手柄、扳机及喷嘴等组成。

（2）使用方法。将水泵进水口与水源接通；接通电动机电源，电动机带动水泵中叶轮旋转；扣下喷枪扳机，水流经水泵出水口、高压管、喷枪、喷嘴射向汽车表面。

3．吸尘器

图 5-3 所示为专业型吸尘器，一般为吸尘吸水机，它集吸尘、吸水于一体，配有适于汽车内室结构的专用吸嘴，操作简单、吸力大并可与内室蒸汽机配套使用。

图 5-2　高压清洗机　　　　　　　　　　　　　图 5-3　吸尘器

吸尘器是利用电动机的高速转动、带动风叶旋转、使吸尘器内部产生局部负压，形成空气吸力，将灰尘、脏物吸入并经过吸尘器内部的过滤装置，然后将过滤后的清洁空气排出去，以达到吸尘的目的。

◆ **任务实施**

一、车身漆面划痕的处理

1．发丝划痕的处理

（1）把车身划痕部位清洗干净，并用毛巾擦干，用开蜡水除掉车身划痕部位的蜡。

（2）用干净的布遮挡空气滤清器进气口、橡胶件、镀铬件。

（3）选用电动调速抛光机，配用清洁的海绵材质抛光头或纯羊毛抛光头，并将抛光机转速调整至 1 200～1 500r/min，如图 5-4 所示。

（4）将抛光头充分湿透，取出抛光剂（3M 或 G3 等）倒在抛光头上。

（5）抛光头运动方向应与划痕成垂直上下移动的方向运动。

（6）抛光一遍后若效果不理想，还可进行第二遍或第三遍抛光，直至抛光剂呈干粉状。

（7）把抛光头清洗干净，往车身表面喷少许水珠，进行第二轮抛光，直至被抛光表面呈现出光泽为止。

图 5-4　抛光机

（8）研磨作业完成后，清除车身上的抛光剂。

（9）把车身表面清洗干净，并给研磨后的车身表面打蜡。

2．微度划痕处理

（1）把车身划痕部位清洗干净，并用毛巾擦干，用开蜡水除掉车身划痕部位的蜡。

（2）使用 2000# 水砂纸进行人工水磨，直到划痕消失为止（注意要打磨均匀，千万不能磨破色漆或清漆）。

（3）用干净的布遮挡空气滤清器进气口、橡胶件、镀铬件。

（4）选用电动调速抛光机，配用清洁的海绵材质抛光头或纯羊毛抛光头，并将抛光机转速调整至 1 200～1 500r/min。

（5）将抛光头充分湿透，取出抛光剂（3M 或 G3 等）倒在抛光头上。

（6）抛光头运动方向应与划痕成垂直上下移动的方向运动。

（7）抛光一遍后若效果不理想，还可进行第二遍或第三遍抛光，直至抛光剂呈干粉状。

（8）把抛光头清洗干净，往车身表面喷少许水珠，进行第二轮抛光，直至被抛光表面呈现出光泽为止。

（9）研磨作业完成后，清除车身上的抛光剂。

二、车身漆面开蜡、打蜡、除沥青、抛光

1．车身漆面开蜡的操作步骤

（1）把车身表面清洗干净，并擦掉所有水珠。

（2）向车身表面喷一层超能开蜡剂，要求喷均匀，如图 5-5 所示。

（3）待开蜡剂在车身表面保持 5min 左右后，用湿毛巾将车身擦净。

（4）按照上面的洗车方法，把车身清洗干净，要确保车身表面无残余车蜡，光泽均匀。

2．车身漆面除沥青的操作步骤

图 5-5　开蜡作业

（1）先进行一遍漆面的开蜡、除蜡，方法如上所述。

（2）取出一瓶柏油清洁剂，喷敷在脏污处，并保持 3～5min。

（3）用湿毛巾、海绵反复耐心地擦拭脏污处，将附着物彻底除去。

（4）用常规洗车的方法将全车擦洗一遍，并用清水冲净，用半干毛巾擦干净水珠。

（5）如果车身其他部位也有类似的顽迹、附着物，也可用以上方法进行清除。

3．车身漆面打蜡的操作步骤

（1）按照常规的洗车方法，把车身清洗干净，然后把车开到阴凉处，并把水珠擦干。

（2）视情况先对车身表面进行抛光，再进行上蜡作业。

（3）将少量蜡涂抹在海绵上。

（4）用大拇指和小拇指夹住海绵，以手掌和其余 3 个手指按住海绵，从外向内均匀地推抹涂蜡的海绵，手的用力要均匀，不能随意画圈，也不宜涂抹过厚的蜡，力求薄面均匀；打蜡要均匀过渡。塑料件不宜上蜡，应选用表板蜡，如图 5-6 所示。

图 5-6　上蜡操作方法

（5）根据蜡品的作用要求，自然干燥若干分钟后（用手指去擦拭，有粉末为干燥），再用干净的干打蜡毛巾或打蜡机（转速要控制在 1 000r/min 以下）从外向内轻轻地揉擦几遍。

（6）检查边角，把残留的蜡擦拭干净，经打蜡处理后的漆面应光亮如镜。

（7）打蜡护理的频率应根据车辆使用环境、停放场地不同来掌握。良好的道路一般 8～12 个月一次；车辆行驶环境不好，又以露天停放为主宜每隔 4～6 个月打蜡护理一次。目视感觉光泽感下降、手触摸不光滑时，就可打蜡。

4．车身漆面抛光的操作步骤

（1）抛光前应先对车身表面进行除蜡，并洗车一遍，擦干水珠。

（2）根据车身漆面受侵蚀程度不同，如果有轻微划痕的可先用 2000 # 砂纸打磨平划痕，根据实际情况选用合适的抛光头及抛光剂。常用的有 G3 粗蜡、3M 粗蜡等，如图 5-7 所示。

图 5-7　G3 车蜡

（3）将抛光头安装到抛光机上，并检查是否安装牢固。

（4）调整好电动抛光机的转速，一般在 1 000～1 500r/min。

（5）取少量抛光剂喷于待抛光的车身漆面上。

（6）将抛光头用水充分润湿后，甩去多余水分。

（7）抛光顺序为车身顶棚、行李厢、后翼子板、后保险杠、两侧车门、发动机盖、前翼子板、前保险杠等。

（8）抛光时，一个部位第一遍抛完后应在该部位喷少量的水，把抛光头清洗干净；然后再接着抛第二遍，直至抛出光泽为止。

（9）抛光作业完成后，将电源插头拔下，拆下抛光头并清洗干净。

（10）对于抛光机无法抛光的部位可用手工进行抛光。

（11）清除缝隙处的抛光剂。

三、车身内外清洁

1．冲洗

（1）人员穿着洗车服装、防滑鞋，摘下手表和戒指，以防刮伤漆面。

（2）调整高压清洗水枪的压力阀，将水枪的喷水压力调整到 300kPa 左右。

（3）打开高压清洗机电源开关进行试喷，根据需要调整水枪的水花喷雾。

（4）用高压清洗水枪从上至下将沾在车身表面的泥沙冲掉，水枪离车身距离应该在 15cm 以上；水枪水花与车身宜成 45°夹角，如图 5-8 所示。

2．上液

（1）在泡沫机内加入清水，用量杯取出洗车液，以 1:160 的比例兑水，如图 5-9 所示。

（2）接上高压气管，打开进气阀，将压力调到 150～300kPa。

（3）打开喷头开关，均匀地将泡沫状洗车液喷于车身上。

图 5-8　车身冲洗

图 5-9　泡沫机

3．擦拭

用不掉毛的毛巾或者洗车海绵从上到下擦洗车身表面，最后擦车轮（擦完车身下部的毛巾不得抽回擦上面）。

4．冲净泡沫

按第一步冲洗的方法将车身上的泡沫冲洗干净。

5．擦拭

（1）用半干毛巾将整车从上到下、从前到后擦拭一遍，把水珠擦干净，缝隙处可用干净的压缩空气吹干。

（2）打开所有车门、盖，用半干毛巾擦拭门边。

6．吸尘（见图 5-10）

（1）插上电源，开启吸尘器。

（2）先从仪表盘、前排座椅、前地毯、前脚垫，再吸后座平台、后排座椅、后地毯、后脚垫及尾箱。

（3）换位吸尘时必须关闭吸尘器。

（4）吸尘结束后，关闭吸尘器并拔下电源。

（5）视情况清洗脚垫。

7．清洁护理件饰件

图 5-10　吸尘器

（1）用半干毛巾沾上轮胎蜡擦拭轮胎侧面。

（2）用半湿毛巾把车内能擦拭干净的污物擦拭干净。

（3）比较难以清理的污物可用全能水、真皮水、万能泡沫清洁剂等清洁用品（见图 5-11）喷于面污物处，待 1～2min 后，用半干毛巾擦拭，即可清除干净。

图 5-11　清洁用品

（4）在真皮座椅、仪表台、车身门装饰板上均匀地喷上表板蜡，可起到增艳作用。

汽车钣金·涂装·美容课程

学习指导书

课题	课题一　入门知识与安全教育	
学习项目	入门知识与安全教育	课时：1

项目　入门知识与安全教育

学习目标：

1. 能通过安全规章制度的学习，确实提高安全意识。·
2. 能查阅相关设备、工具的使用手册，安全地操作工具、设备进行生产实习。
3. 能通过图片、运用动画等形式，掌握 6S 的管理知识。

建议学时：1

学习地点：一体化实训室

引导性问题

一、汽车钣金安全知识

1. 三严格：要严格遵守＿＿＿＿＿＿，严格执行＿＿＿＿＿＿，严格遵守＿＿＿＿＿＿，保证安全生产。

2. 用砂轮机磨削时，操作者必须戴上防护眼镜，站立位置靠砂轮机斜＿＿＿＿＿＿进行操作。

3. 砂轮更换后，应空转＿＿＿＿＿＿min，在运转均匀、平稳的情况下才可使用。

4. 电动工具应尽量使用＿＿＿＿＿电源；必须使用＿＿＿＿＿电源时应确保＿＿＿＿＿连接可靠。

二、汽车喷漆安全知识

1. 汽车喷涂时，防止爆炸灾难的发生应做好：＿＿＿＿＿＿＿、＿＿＿＿＿＿＿
＿＿＿＿＿＿＿、＿＿＿＿＿＿＿＿＿＿、＿＿＿＿＿＿＿＿＿＿。

2. 汽车喷涂过程中要做好防火工作：＿＿＿＿＿＿＿＿＿＿＿＿＿＿＿＿、
＿＿＿＿＿＿＿＿＿＿＿＿、＿＿＿＿＿＿＿＿＿＿＿、＿＿＿＿＿＿＿＿＿＿＿
＿＿＿＿＿＿＿＿＿＿、＿＿＿＿＿＿＿＿＿＿。

3. "三废"指的是：＿＿＿＿＿＿、＿＿＿＿＿＿、＿＿＿＿＿＿。

三、6S 管理知识

1. 6S 指的是：＿＿＿＿＿、＿＿＿＿＿、＿＿＿＿＿、＿＿＿＿＿、＿＿＿＿＿、＿＿＿＿＿。

2. 6S 的本质是：＿＿＿＿＿＿＿＿＿＿＿＿＿＿＿＿＿＿＿＿＿＿＿＿＿＿＿
＿＿＿＿＿＿＿＿＿＿＿＿＿＿＿＿＿＿＿＿＿＿＿＿＿＿＿＿＿＿。

3. 某同学在实习场地随地丢垃圾，这是违反了 6S 的：_____。

4. 科学布局，取用快捷，指的是：_____。

5. 6S 精益管理对象：_____、_____、_____。

6. 6S 精益管理的作用有哪些？

（1）_____。

（2）_____。

（3）_____。

（4）_____。

（5）_____。

（6）_____。

 小词典

1. 三废是废气、废水、固体废弃物的总称。
2. 6S 指的是：

整理：要与不要，一留一弃；

整顿：科学布局，取用快捷；

清扫：清除垃圾，美化环境；

清洁：清洁环境，贯彻到底；

素养：形成制度，养成习惯；

安全：安全操作，以人为本。

 小提示

1. 在使用砂轮机对车身进行打磨时，要注意戴好防护眼镜，否则磨屑有可能飞出伤人。

2. 在进行车身喷漆时，应佩戴好口罩等防护用品，以防止油漆中的有害物质中毒。

3. 每次使用完喷枪后，应及时清洗喷枪，时间长了会难以清洗从而导致喷枪堵塞。

4. 6S 的含义是什么？

整理（SEIRI）——将工作场所的任何物品区分为有必要和没有必要的，除了有必要的留下来，其他的都清除掉。目的：腾出空间，活用空间，防止误用，塑造清爽的工作场所。

整顿（SEITON）——把留下来的必需物品依规定位置摆放整齐并加以标识。目的：工作场所一目了然，免去寻找物品的时间；工作环境整整齐齐，清除过多的积压物品。

清扫（SEISO）——将工作场所内看得见与看不见的地方清扫干净，保持工作场所干净、靓丽。目的：稳定品质，减少工业伤害。

清洁（SEIKETSU）——将整理、整顿、清扫进行到底并且制度化，经常保持环境处于美观的状态。目的：创造明朗现场，维持前面 3S 成果。

素养（SHITSUKE）——每位成员养成良好的习惯，并遵守规则做事，培养积极主动的精神（也称习惯性）。目的：培养有好习惯、遵守规则的员工，营造团队精神。

安全（SECURITY）——重视成员安全教育，每时每刻都保持安全第一的观念，防患于未然。目的：建立起安全生产的环境，所有工作都应建立在安全的前提下。

学习评价

课程名称	汽车钣金·喷漆·美容		学习项目	入门知识与安全教育		
学生姓名			学习小组			
评价内容＼评价等级		优	良	中	差	
相关知识的掌握						
任务实施						
工作任务的完成						
6S 管理						
纪律						
团队合作						
教师综合评价						
教师评语：						

课题	课题二　汽车车身结构	
学习项目	汽车车身结构	课时：1

项目　汽车车身结构的掌握

学习目标：

1. 能运用图片、动画等形式认识汽车类型。
2. 能通过图片认识汽车整体结构。
3. 能通过图片、运用动画等形式认识轿车车身结构。

建议学时：1

学习地点：一体化实训室

引导性问题：

一、汽车分类
看图填写车型的名称。

（1）

（2）_____

（3）_____

（4）

（5）_____　　　（6）_____

二、汽车整体结构

看图填写汽车部分名称。

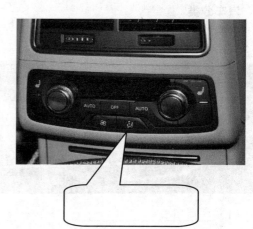

三、轿车车身结构

1. 汽车车身的作用：_____。

2. 按车身壳体受力情况不同可分为：_____、_____、_____。

3. 车身分为：_____车身、_____车身、_____车身三大类。

4. 轿车车身根据功能可分为：_____轿车、_____轿车两大类。

5. 中间车身包括：_____柱、_____柱、_____柱。

6. 看下图把各部分名称填写在相应的空格上。

1_____；

2_____；

3_____；

4_____；

5_____；

6_____；

7_____；

8_____；

9_____；

10_____；

11_____；

12_____；

13_____；

14_____；

15_____。

小词典

1. 两厢车：一种将驾驶室和后备厢做成同一个厢体，并且发动机独立的汽车。

2. 三厢车：现在我们常见的轿车一般都是三厢车，之所以称为三厢车，是因为它的车身结构由三个相互封闭、用途各异的"厢"所组成：前部的发动机舱、车身中部的乘员舱和后部的行李舱。

3. 轿车（Saloon Car）：是指用于载送人员及其随身物品，且座位布置在两轴之间的汽车。包括驾驶者在内，座位数最多不超过九个。一般轿车强调的是舒适性，以乘员为中心。

4. 客车：以人为运载对象的交通工具，分为公交客车、旅游客车、公路客车、团体客车、专用校车、房车客车等。

5. 货车（Wagon）：是一种主要为载运货物而设计和装备的商用车辆，能否牵引一挂车均可。

小提示

1. 作为钣金喷漆维修技术人员，首先应熟悉车身结构的各个部位，只有这样才能提高工作效率和工作质量。

2. 货车和客车的车身对于维修质量要求比较低，一般懂得维修轿车车身的人都能维修货车和客车车身，所以本课题主要以学习轿车车身结构为主。

学习评价

课程名称	汽车钣金·喷漆·美容	学习项目	汽车车身结构		
学生姓名		学习小组			

评价内容 ＼ 评价等级	优	良	中	差
相关知识的掌握				
任务实施				
工作任务的完成				
6S 管理				
纪律				
团队合作				
教师综合评价				

教师评语：

课题	课题三　钣金修复技术	
学习项目	项目一　部件拆装与损伤分析	课时：2

项目一　部件拆装与损伤分析的掌握

学习目标：

1．能运用常用工具、设备对车身各可拆部件进行拆装和更换。

2．能通过图片等形式，利用专业知识对已损坏车身进行损伤的分析。

3．能通过实例了解车身的基本参数。

建议学时：2

学习地点：一体化实训室

引导性问题：

一、车身小钣件拆装

1．写出右图中左后车门的更换拆装步骤。

（1）拆除车门外表附件（密封条等）。

（2）_____

_____。

（3）拆下车门内的线束。

（4）_____

_____。

（5）拆下玻璃及升降架。

（6）_____。

（7）取下左后车门。

2．写出右图中左前翼子板的更换拆装步骤。

（1）折下左前大灯。

（2）_____

_____。

（3）拆开前保险杠左边；

（4）取下左侧转向灯及"VVT-i"字样。

（5）_____。

（6）取下左前翼子板。

二、车身损伤的分析

1．分析下图损伤车辆的冲击力方向，并在图中用红笔画出。

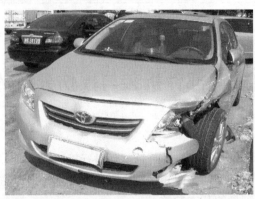

2．车辆碰撞的损伤程度取决于：＿＿＿＿＿＿＿、＿＿＿＿＿＿＿、＿＿＿＿＿＿＿、＿＿＿＿＿＿＿。

3．当汽车受到侧面撞击时，侧弯超过 13mm，车身就会发生＿＿＿＿＿＿＿＿＿＿＿＿＿＿＿＿＿＿。

4．车身碰撞损伤分成五种形式，分别为：＿＿＿＿＿＿＿＿＿、＿＿＿＿＿＿＿＿＿、＿＿＿＿＿＿＿＿＿、＿＿＿＿＿＿＿＿＿、＿＿＿＿＿＿＿＿＿。

5．碰撞损伤还取决于接触面积的大小，接触面积越小，损伤就越＿＿＿＿＿＿＿＿＿＿＿。

6．如果冲击力指向＿＿＿＿＿＿＿＿＿，汽车就不会旋转，大部分能量将被汽车零件所吸收，造成的损伤是非常严重的。

7．看右图分析图中车辆的损伤形式。

＿＿＿＿＿＿＿＿＿＿＿＿＿＿＿＿＿＿＿＿

＿＿＿＿＿＿＿＿＿＿＿＿＿＿＿＿＿＿＿＿

＿＿＿＿＿＿＿＿＿＿＿＿＿＿＿＿＿＿＿＿

＿＿＿＿＿＿＿＿＿＿＿＿＿＿＿＿＿＿＿。

小词典

1．冲击力：指物体相互碰撞时出现的力。在碰撞或打击过程中，物体间先突然增大而后迅速消失的力，又称冲力或是碰撞力。冲击力的特点是作用时间极短，但是量值可以达到很大。

2．车架和车身碰撞的损伤可分为五种不同的形式：侧弯、垂直弯曲、皱曲、菱形损坏和扭曲损坏。

小提示

1．在进行车身小钣件拆装前，应对车身各个部件有所了解，并熟悉其拆装过程，才能保证工件质量。

2．在进行部件拆装时应注意拆装方法，尽量减少零件损坏的可能性，因为换上新部件后，其无须更换的零件还要复原。

3．做车辆损伤分析非常必要，这是修好一部损坏车辆的前提，所以应掌握其相关知识。

学习评价

课程名称	汽车钣金·喷漆·美容	学习项目	部件拆装与损伤分析
学生姓名		学习小组	

评价内容　　　评价等级	优	良	中	差
相关知识的掌握				
任务实施				
工作任务的完成				
6S 管理				
纪律				
团队合作				
教师综合评价				

教师评语：

课题	课题三　钣金修复技术	
学习 项目	项目二　汽车车身损伤修复	课时：4

项目二　汽车车身损伤修复

学习目标：

1. 能认识钣金修复工具、设备的名称及使用方法。
2. 能熟悉介子机的结构原理，并能正确使用介子机对车身金属件进行维修。
3. 能使用车身修复工具、设备对车身金属件进行修复操作。
4. 能正确使用车身修复工具、设备对车身非金属件进行修复操作。

建议学时：4

学习地点：一体化实训室

引导性问题：

一、车身修复工具、设备的使用

1. 手锤的使用方法
   手锤的握法：_____

   _____。

2. 砂轮机的使用操作
   （1）开机前应检查：_____。
   （2）开机后应检查：_____。
   （3）使用完后应检查：_____。

3. 汽车外形修复介子机的使用

（1）光垫圈熔植操作。

① 对凹陷部位用＿＿＿＿＿＿＿＿将油漆及锈杂物彻底打磨干净，并选择好附近地线钳固定的位置（同时也要打磨干净，保障良好导电接触），将地线钳夹好。

②＿＿＿＿＿＿＿＿＿＿＿＿＿＿＿＿＿＿＿＿＿＿＿

＿＿＿＿＿＿＿＿＿＿＿＿＿＿＿＿＿＿＿＿＿＿＿＿

＿＿＿＿＿＿＿＿＿＿＿＿＿＿＿＿＿＿＿＿＿。

③ 在焊枪上插上光垫圈夹头，将 $\phi 10 \sim \phi 12$mm 光垫圈插入夹头槽内，对准需拉复修整部位压紧（防止接触不良击穿铁板），按动焊枪上的开关，待定时器工作完后将焊枪的松开，则完成一次熔植焊接过程，并根据不同凹陷面积熔植多个光垫圈。

④＿＿＿＿＿＿＿＿＿＿＿＿＿＿＿＿＿＿

＿＿＿＿＿＿＿＿＿＿＿＿＿。

⑤ 修复后要取下光垫圈时，用拉力锤钩住光垫圈扭转或用手扭转，即可退离。再用手提砂轮机进行平面修正，直至平滑。

（2）利用介子机对工件局部淬火操作

① 把介子机调到＿＿＿＿＿＿＿＿＿＿工作状态。

②＿＿＿。

③ 用打磨机把工件表面的脏污点打磨干净。

二、车身金属件的修复

1．写出下图车辆的修复过程并对其进行修复。

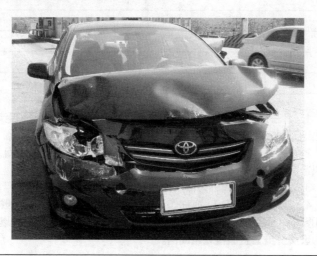

（1）拆下已损伤的前保险杠、右前大灯、发动机罩盖等，并更换新件。

（2）_____
_____。

（3）装复新件，并调整各缝隙的间隙，确保同一个部位或对称部件一样。

（4）对已进行钣金修复的金属件做防锈喷涂处理（即_____）。

2．对损伤车身常用哪些方法进行校正？

（1）_____。

（2）_____。

（3）_____。

3．如何确认车身校正后产生内应力？

（1）车身钢板会比原来的要软。

（2）_____。

4．写出右图车辆翼子板的修复程序。

（1）用砂轮机打磨受损部位。

（2）_____
_____。

（3）钣金校正后，检查是否存在内应力，若存在应予以消除。

（4）_____。

（5）对裸露的钢板喷涂底漆进行防锈。

三、车身非金属件的修复

1．想一想右图车辆的后保险杠应用_____对其进行修复。

2．塑料焊使用前应进行预热_____。

3．对塑料件进行焊接前应在裂纹处开_____槽。

4．请用简短的语言写出车身玻璃钢件的修复过程。

（1）打磨：_____。

（2）调和：_____。

（3）涂敷：_____。

（4）干燥：_____。

（5）修整：_____。

小词典

1．介子机：汽车修理厂用来钣金的一种设备，其原理和电焊机差不多，利用瞬间大电流释放从使车体金属和焊枪金属粘连在一起从而进行整形。

2．淬火：将金属工件加热到某一适当温度并保持一段时间，随即浸入淬冷介质中快速冷却的金属热处理工艺。

3．内应力：没有外力作用而存在于材料内部并自身保持平衡的应力。

4．玻璃钢（FRP）：亦称作GRP，即纤维强化塑料，一般指用玻璃纤维增强不饱和聚脂、环氧树脂与酚醛树脂基体。以玻璃纤维或其制品作增强材料的增强塑料，称为玻璃纤维增强塑料或玻璃钢。

1. 应严格遵守砂轮机的使用注意事项，避免安全事故的发生。

2. 在使用介子机进行光垫圈熔值时，应根据车身钢板厚度，选择相应的电流和时间，以免把车身钢板熔穿。

3. 对车身进行校正时，应多种方法相互配合，只有这样才能提高工作效率和工作质量。

学习评价

课程名称	汽车钣金·喷漆·美容	学习项目	汽车车身损伤修复		
学生姓名		学习小组			
评价内容＼评价等级	优	良	中	差	
相关知识的掌握					
任务实施					
工作任务的完成					
6S 管理					
纪律					
团队合作					
教师综合评价					
教师评语：					

课题	课题四 涂装修复技术	
学习项目	项目一 底材处理	课时：6

项目一 底材处理

学习目标：

1. 能熟练操作喷烤漆设备进行喷涂作业。
2. 能进行底漆的喷涂施工，并且能控制质量。
3. 能利用工具进行原子灰的施工作业。
4. 能打磨出平整又光滑的原子灰，并达到实际要求。

建议学时：6

学习地点：一体化实训室

引导性问题：

一、喷烤漆设备的使用

1. 画出喷漆用空气管路安装图。

2. 空气喷枪可分为：＿＿＿＿＿＿＿＿＿、＿＿＿＿＿＿＿＿＿、＿＿＿＿＿＿＿＿＿。

3. 如何手工清洗喷枪？

（1）首先往喷枪内倒入稀释剂，并用小毛刷刷洗一遍。

（2）＿＿＿＿＿＿＿＿＿＿＿＿＿＿＿＿＿＿＿＿＿＿＿＿＿＿＿＿＿＿＿＿＿＿。

（3）拆下风帽、喷嘴、枪针，用干净的稀释剂进行清洗。

（4）＿＿＿＿＿＿＿＿＿＿＿＿＿＿＿＿＿＿＿＿＿＿＿＿＿＿＿＿＿＿＿＿＿＿。

4. 填写下图中上浮式喷枪的各部分名称。

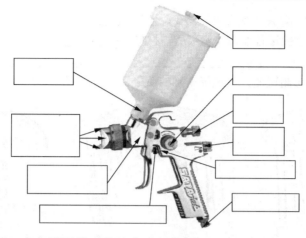

5．如果我想烤漆，应怎样调整喷烤漆房进行烤漆？

（1）打开电源总开关。

（2）_____

_____。

（3）_____

_____。

（4）把工作状态选择开关调至烤漆位置。

（5）_____

_____。

6．若喷枪喷出的形状如下图所示，其原

因是：

_____。

二、**底漆喷涂的施工**

1．底漆根据其使用目的不同可分为：_____、

_____、_____。

2．底漆的作用是：_____

_____

_____

_____。

3．底漆喷涂的基本动作有哪些？

（1）_____。

（2）喷枪嘴与工件表面之间的距离应保持在_____cm。

（3）_____。

（4）_____。

（5）起枪时应从工件外缘开始，收枪时也应越过工件边缘，道与道之间应重叠____或____。

（6）喷涂顺序应从高到低、从上到下、从左到右进行。

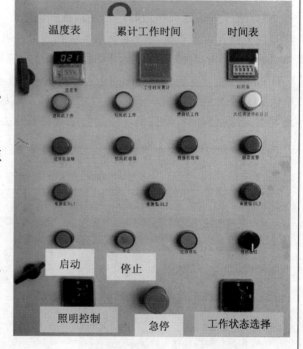

温度表　累计工作时间　时间表

启动　停止

照明控制　急停　工作状态选择

4．底漆作为一般性涂层，厚度应控制在：_____。

5．对无须喷涂部位应进行遮蔽，遮蔽所需材料为：_____。

6．遮蔽分为：_____。

7．下面是涂料分布测试图，请选择正确的图形。

（1）_____　　　（2）_____　　　（3）_____

三、原子灰的施工与打磨

1．对工件进行羽状边时，应注意哪些问题？

（1）操作打磨机时，一定要在接触到钣金件表面后，才能开动打磨机。此时不要用力，否则会出现较深的沟槽，且要在开动打磨机前对准需打磨的边缘线。

（2）_____。

（3）不允许采用低于_____的干磨砂纸以_____角交叉打磨凸出很高的表面，这样做将会造成很深的打磨伤痕，以后会很难将其除去。

（4）_____。

2．原子灰施工时的基本步骤有哪些？

（1）_____。

（2）_____。

（3）_____。

（4）最后灰刀成倒平状将表面刮平，同时将原子灰周围刮薄。

（5）上一层原子灰半干（室温下通常干燥_____min，此时用手指尖刮原子灰，如果原子灰表面留下一条白色的划痕，说明干燥已达到要求）之后，再进行下一层刮涂。

（6）_____。

3．对边角线条应如何进行刮涂？

（1）_____。

（2）_____。

（3）在第一次刮涂的原子灰上沿着菱角线贴胶带；

（4）_____。

（5）_____。

4．若环境温度低于 18℃，应利用_____对原子灰进行强制干燥。

5．原子灰干燥后应如何对其进行手工湿打磨？

（1）判断原子灰是否处在半干状态。

（2）根据车身表面原子灰的厚度选择不同粗糙度的砂纸：粗磨：_____。

中磨：_____。

细磨：_____。

（3）若打磨较宽的面积时，为了打磨平整，应在砂纸上垫上_____。

（4）边打磨边用手检查工件表面是否平整，检查时手的移动方向应与手指方向_____。

6．填眼红灰刮在原子灰上面主要起的作用是：_____。

7．在调和原子灰时，原子灰与固化剂的比例一般为：_____；若固化剂过多或过少对原子灰有何影响：_____。

8．无须刮灰部位，但又要喷漆的地方应用_____砂纸进行打磨。

9．填眼红灰干燥后，应用_____砂纸进行打磨。

10．刮原子灰前应进行除旧漆作业，除旧漆通常用_____和_____两种方法。

11．请判断下图手工打磨方向是否正确。

（1）_____ （2）_____

学习评价

课程名称	汽车钣金·喷漆·美容	学习项目	底材处理		
学生姓名		学习小组			
评价内容 \ 评价等级		优	良	中	差
相关知识的掌握					
任务实施					
工作任务的完成					
6S 管理					
纪律					
团队合作					
教师综合评价					
教师评语：					

课题	课题四　涂装修复技术	
学习 项目	项目二　汽车车身喷涂技术	课时：4

项目二　汽车车身喷涂技术

学习目标：

1．能熟练操作中涂底漆的喷涂与打磨。
2．能熟练操作面漆的喷涂施工。
3．能熟练操作清漆的喷涂施工。
4．能熟练操作汽车底盘防护的喷涂施工。
5．能独立处理漆面的缺陷。

建议学时：4

学习地点：一体化实训室

引导性问题：

一、中涂底漆的喷涂与打磨

1．中涂底漆的功用一是：＿＿＿＿＿＿＿＿＿＿＿；二是：＿＿＿＿＿＿＿＿＿＿＿；
三是：＿＿＿＿＿＿＿＿＿＿＿＿＿＿＿＿＿＿＿＿＿＿＿＿＿＿＿＿＿＿＿＿；
四是：＿＿＿＿＿＿＿＿＿＿＿＿＿＿＿＿＿＿＿＿＿＿＿＿＿＿＿＿＿＿＿。

2．按涂料的性质不同，中涂底漆可分为：＿＿＿＿＿＿＿＿＿、＿＿＿＿＿＿＿＿＿。

3．目前在汽车修理厂比较流行的中涂底漆为：＿＿＿＿＿＿＿＿＿＿＿＿。

4．对于 2K 中涂底漆在调配时应加入：＿＿＿＿＿＿＿＿、＿＿＿＿＿＿＿＿＿。

5．中涂底漆干燥后应用＿＿＿＿＿＿砂纸进行湿打磨；或者用＿＿＿＿＿＿砂纸进行干打磨。

6．如何使用水砂纸对底漆进行手工打磨？
（1）选择 600# 或者 800# 的水砂纸。
（2）＿＿＿＿＿＿＿＿＿＿＿＿＿＿＿。
（3）＿＿＿＿＿＿＿＿＿＿＿＿＿＿＿。

二、面漆的喷涂施工

1．车身面漆喷涂前应做哪些准备工作？
（1）＿＿＿＿＿＿＿＿＿＿＿＿＿＿＿
＿＿＿＿＿＿＿＿＿＿＿＿＿＿＿＿。
（2）＿＿＿＿＿＿＿＿＿＿＿＿＿＿＿
＿＿＿＿＿＿＿＿＿＿＿＿＿＿＿＿。
＿＿＿＿＿＿＿＿＿＿＿＿＿＿＿＿＿＿＿＿＿＿＿＿＿＿＿＿＿＿＿＿＿＿。

（3）用一次性金毛丝专用抹尘布，并配全压缩空机对车身漆面进行除尘。

2．面漆的黏度是怎样调整的？

1K 面漆：＿＿＿＿＿＿＿＿＿＿＿＿＿＿＿＿＿＿＿＿＿＿＿＿＿＿＿＿＿＿。

2K 面漆：＿＿＿＿＿＿＿＿＿＿＿＿＿＿＿＿＿＿＿＿＿＿＿＿＿＿＿＿＿＿。

3．喷面漆时，有哪些喷涂手法？

（1）＿＿＿＿＿＿＿＿＿＿＿＿＿＿＿＿＿；（2）＿＿＿＿＿＿＿＿＿＿＿＿＿＿；

（3）＿＿＿＿＿＿＿＿＿＿＿＿＿＿＿＿＿；（4）＿＿＿＿＿＿＿＿＿＿＿＿＿＿。

4．珍珠漆局部修补是如何进行的？

（1）对 A 区域用 600#砂纸打磨处理，再扩展到 B 区域。

（2）＿＿＿＿＿＿＿＿＿＿＿＿＿＿＿＿＿＿＿＿＿＿＿＿＿＿＿＿＿＿＿＿＿＿＿
＿＿＿＿＿＿＿＿＿＿＿＿＿＿＿＿＿＿＿＿＿＿＿＿＿＿＿＿＿＿＿＿＿＿＿＿。

（3）清洁后用除油剂或者用除油布去除油脂至整个面板，并用粘尘布去除灰尘。

（4）＿＿＿＿＿＿＿＿＿＿＿＿＿＿＿＿＿＿＿＿＿＿＿＿＿＿＿＿＿＿＿＿＿＿＿
＿＿＿＿＿＿＿＿＿＿＿＿＿＿＿＿＿＿＿＿＿＿＿＿＿＿＿＿＿＿＿＿＿＿＿＿。

（5）＿＿＿＿＿＿＿＿＿＿＿＿＿＿＿＿＿＿＿＿＿＿＿＿＿＿＿＿＿＿＿＿＿＿＿。

（6）＿＿＿＿＿＿＿＿＿＿＿＿＿＿＿＿＿＿＿＿＿＿＿＿＿＿＿＿＿＿＿＿＿＿＿
＿＿＿＿＿＿＿＿＿＿＿＿＿＿＿＿＿＿＿＿＿＿＿＿＿＿＿＿＿＿＿＿＿＿＿＿。

（7）在 D 区喷涂驳口水，把过喷漆雾溶解喷涂一薄层，挥发 15 s 左右，再喷涂最后一薄层；

（8）烤干冷却后，抛光打蜡。

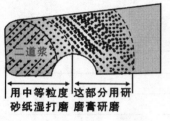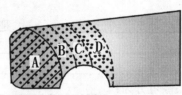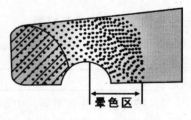

5．下面是素色面漆局部修补的操作步骤，请标出先后顺序。

（　　）对调好颜色的涂料，按涂料生产商的规定比例配好，装入喷枪壶，并调整喷枪喷涂压力约为 250kPa，雾束约 10cm，涂料流量 1/3 开度。

（　　）清洁后用除油剂或者用除油布去除油脂至整个面板，并用粘尘布去除灰尘。

（　　）再用 2000#砂纸打磨 C、D 区域，直至消去漆面的光亮度，磨成亚光为止。

（　　）然后在 D 区喷涂驳口水，把过喷漆雾溶解喷涂一薄层，挥发 15s 左右，再喷涂最后一薄层。

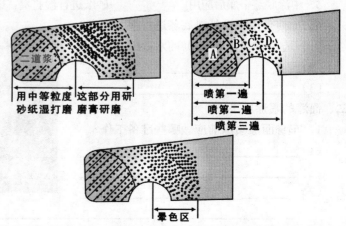

（　　）先薄薄喷涂一层 A 区，再喷涂扩展到 B 区，直到全部覆盖。

（　　）烤干冷却后，抛光打蜡。

（　　）将剩下的涂料进行稀释，一般的调配比例为 1:1。再薄薄喷涂 C 区 1 层或 2 层，喷枪的喷涂气压、涂料流量也相应调小一些，在 D 区作过渡处理。

（　　）对 A 区域用 600# 的水砂纸打磨处理，并扩展到 B 区域。

三、清漆的喷涂施工

1. 清漆的黏度是怎样调整的？

（1）_____。

（2）_____。

（3）_____。

2. 在喷涂清漆时，应将喷枪的气压调整到：_____。

3. 喷涂清漆时，层与层之间的间隔一般为：_____。

4. 喷涂结束后应静置_____min，然后进行烤漆，一般加热温度为_____℃，时间为_____min。

四、汽车底盘防护喷涂施工

1. 汽车底盘防护喷漆不可施工部位有：_____、空调冷凝器、_____、减振器、_____、弹簧、_____等部位。

2. 底盘防护喷涂时，喷枪与工件应保持_____cm。

3. 汽车底盘防护喷涂时，总共的厚度不应超过_____mm。

4. 底盘防护喷涂时应注意哪些问题？

（1）喷涂防护材料含易燃物质，喷涂必须选择开放、通风处。喷涂完成 24h 内车辆勿近火源，现场严禁吸烟。

（2）_____
_____。

（3）在喷涂翼子板内侧部位时应先将翼子板内衬塑料防护板拆下后再进行。

五、漆面缺陷处理

1. 若漆面出现针孔现象，是什么原因造成的呢？

（1）连续喷涂过厚，层与层之间的间隔时间不够。

（2）_____

_____。

（3）稀释比例不当或使用了不良的稀释剂。

（4）_____
_____。

（5）喷枪调整或技术不当。

（6）_____
_____。

（7）被涂物的温度过高。

2．若漆面出现下图的轻微缺陷应＿＿＿＿＿＿＿＿＿＿＿＿＿＿＿＿＿＿＿修复。

3．若漆面出现聚银、发花现象，是什么原因造成的呢？

（1）＿＿＿＿＿＿＿＿＿＿＿＿＿＿＿＿＿＿＿＿＿＿＿＿＿＿＿＿＿＿。

（2）稀释剂选用不当，溶解力太差。

（3）＿＿＿＿＿＿＿＿＿＿＿＿＿＿＿＿＿＿＿＿＿＿＿＿＿＿＿＿＿＿。

（4）漆膜厚薄不均匀，雾化差，喷涂操作不熟练。

（5）＿＿＿＿＿＿＿＿＿＿＿＿＿＿＿＿＿＿＿＿＿＿＿＿＿＿＿＿＿＿。

（6）＿＿＿＿＿＿＿＿＿＿＿＿＿＿＿＿＿＿＿＿＿＿＿＿＿＿＿＿＿＿。

（7）环境温度低。

小提示

1．每次使用完喷枪后，都应及时清洗干净，否则下次就不能再使用了。

2．在对车身进行底漆喷涂时，应戴好防护用品，特别是口罩。

3．使用稀释剂时，尽量避免粘到皮肤上。

学习评价

课程名称	汽车钣金·喷漆·美容	学习项目	汽车车身喷涂技术		
学生姓名		学习小组			
评价内容 ＼ 评价等级		优	良	中	差
相关知识的掌握					
任务实施					
工作任务的完成					
6S 管理					
纪律					
团队合作					
教师综合评价					
教师评语：					

课题	课题五　汽车美容	
学习项目	汽车美容	课时：2

项目　汽车美容

学习目标：

1．能利用工具、设备进行汽车漆面损伤与维护作业。
2．能对汽车进行漆面除蜡、除沥青、打蜡作业。
3．能对汽车内外装饰件进行清洁护理作业。

建议学时：2

学习地点：一体化实训室

引导性问题：

一、汽车漆面损伤与维护

1．查阅资料填写下面的空格。

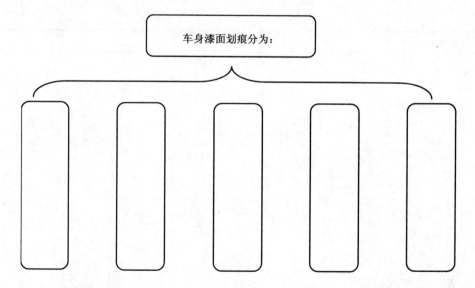

车身漆面划痕分为：

2．在五种车身漆面划痕中，_____和_____是可以通过抛光处理去掉的。

3．若想去掉车身漆面的发丝划痕，第一步_____；第二步_____。

4．使用电动抛光机对车身漆面进行抛光时，抛光机的转速应控制在_____r/min。

5. 在汽车美容店里或者在实习场地，常用的抛光蜡一般有：_____。

6. 在进行第二轮抛光时，给被抛光表面喷水珠的目的是：_____。

7. 按照漆面斑点产生的原因不同可分为：_____、_____、_____、_____。

二、车身漆面除蜡、除沥青、打蜡

1. 若车身漆面有残留的蜡无法清除时，此时应选用_____进行清除。

2. 车身漆面开蜡时，应使用_____毛巾进行擦除。

3. 车身漆面的沥青是如何粘上去的？_____。

4. 清除车身漆面的沥青通常选用_____清洁剂。

5. 除完蜡或沥青的车身漆面，一般应进行必要的_____。

6. 汽车蜡的作用有：（1）_____ （2）_____
（3）_____ （4）_____ （5）_____。

7. 黑色车身应选用_____蜡。

8. 车身漆面打蜡前应对车身漆面进行_____。

9. 车身漆面打蜡的间隔时间一般为：_____。

10. 若用打蜡机进行打蜡，打蜡机的转速应控制在_____r/min。

11. 请问右图的师傅在做什么？

12. 汽车生产厂家常用的保护性封蜡主要有：_____、_____、_____。

三、汽车内外装饰件的清洁护理

1. 请给下面的汽车外部清洁步骤排序。
（ ）上液；
（ ）冲洗；
（ ）擦拭；
（ ）清洁护理件饰件；
（ ）吸尘；
（ ）冲净泡沫。

2. 在用高压水枪冲洗车身时，水枪与车身的距离应保持在_____cm，水枪水花与车身成_____度夹角为宜。

3. 泡沫机的气压应控制在_____kPa；若气压过高则_____；气压过低则喷不出。

4. 用毛巾擦拭车身漆面时，应从_____到_____进行。

5. 为了延长轮胎的使用寿命，提高抗老化性能，洗完车以后应给轮胎涂上_____。

小提示

1. 在使用抛光机对车身漆面进行抛光时，应握紧抛光机，否则会损坏漆面。
2. 对车身漆面进行打蜡操作时，应沿一个方向操作，否则会出现横七竖八的痕迹。

学习评价

课程名称	汽车钣金·喷漆·美容	学习项目	汽车美容		
学生姓名		学习小组			
评价内容 \ 评价等级		优	良	中	差
相关知识的掌握					
任务实施					
工作任务的完成					
6S 管理					
纪律					
团队合作					
教师综合评价					
教师评语：					